KB121322

쇼펜하우어 철학

다시 인생을 말하다

쇼펜하우어의 철학
다시 인생을 말하다

1판 1쇄 발행 2024년 1월 10일
1판 2쇄 발행 2024년 7월 5일

지은이 ㅣ 쇼펜 하우어
엮은이 ㅣ 김은주
펴낸이 ㅣ 이현순

펴낸곳 ㅣ 백만문화사
출판신고 ㅣ 2001년 10월 5일 제2013-000126호
주소 ㅣ 서울시 마포구 토정로 214(신수동388-2)
Tel ㅣ 02)325-5176 Fax ㅣ 02)323-7633
전자우편 ㅣ bmbooks@naver.com
홈페이지 ㅣ http://www.bm-books.com

Copyright© 2024 by BAEKMAN Publishing Co.
Printed & Manufactured in Seoul, Korea

ISBN 979-11-89272-38-8 (03160)
값 17,000원

쇼펜하우어 철학
다시 인생을 말하다

김은주 엮음

왜 지금 다시 '쇼펜하우어의 철학'이 필요한가?

왜 지금 다시 '쇼펜하우어의 철학'이 필요한가?

쇼펜하우어의 사상은 당대 과학자, 철학자, 심리학자, 문학가, 법조인, 음악가, 정치인 그리고 심지어 장사를 하는 상인에게까지 많은 영향을 끼쳤고, 큰 인기를 얻었다. 특히 오늘날까지 세계적으로 알려진 저명한 철학자 니체, 쇠렌 키르케코르, 존 두이, 윌리엄 제임스 등에 큰 영향을 줬다. 이 중에서 니체는 쇼펜하우어를 "모든 것을 잃었어도 진리를 추구하는 학자"로 높이 평가했다.

철학자뿐만 아니라 진화론의 창시자인 찰스 다윈, 상대성 이론가이자 후일 원자폭탄을 만든 아인슈타인과 같은 과학자, 칼 융과 같은 심리학자에게는 이론적인 토대를 제공했다.

무엇보다도 가장 큰 영향을 끼친 분야는 문학계다, 그에게 영향을 받은 작가로는 헤르만 헤세, 프란츠 카프카, 도스토엡스키, 토마스 만 등 수많은 작가들을 들 수 있다. 그뿐만 아니라 정치인들에게도 영향을 주었으며 그 대표적인 인물로 2차 대전을 일으킨 아돌프 히틀러도 있다.

쇼펜하우어의 사상이 이렇게 많은 유명인사들 외에도 평범한 사람들에게까지 영향을 끼친 것은 인생의 다방면에 걸친 그의 통찰력과 모든 사람들이 공감하는 그의 철학과 사상 때문이다.

인생의 의미를 끊임없이 찾고 고민하던 쇼펜하우어는 "인생은 고통"이라는 인식에 도달한 것이다. 삶 자체가 괴로운 것이라는 것이다. 인생은 고통이라고 말한 쇼펜하우어는 그렇게 인식했을 뿐만 아니라 그 고통을 극복하고 행복할 수 있는 방법과 지혜를 제공했다는 점에서 더욱 더 많은 사람들에게 영향을 주고 있다.

쇼펜하우어는 우리에게 인생의 의미만 제시한 것이 아니라 삶을 어떻게 살아야 하는지에 대해서 그 지혜와 방법을 알려주었으며, 행복은 자기 밖에 있는 것이 아니라 안에 있으며, 한 번뿐인 인생을 자기중심을 잃지 않고 살아갈 것을 권유했다.

쇼펜하우어는 우리에게 인생을 즐기며 살라고 하였다. 사람마다 그 능력과 좋아하는 것이 다르지만, 각자 자신의 취향과 기호를 고려하여 인생의 즐거움을 찾으라고 한다. 염세주의자라고 불리던 쇼펜하우어 자신도 먹고 마시는 것을 좋아했으며 클래식을 즐기면서 낙천적으로 생각하고 유머를 잃지 않고 살았다.

쇼펜하우어가 작고한 지도 어언 100년이 훨씬 넘은 오늘날 문명은 발달하여 삶은 윤택해졌지만 아직도 많은 사람들이 삶의 방향을 제대로 잡지 못해 우왕좌왕하고 있다. 특히 인생에 회의를 느끼고 있는 우리에게 100년 전에 삶의 의미와 행복을 구하는 방법 등 인생의 다양한 문제에 대해서 진솔하게 가르쳐준 쇼펜하우어의 인생론이 지금 우리에게 가장 절실하게 필요하다고 생각한다.

본서는 쇼펜하우어의 인생론 중에서 '인생의 의미, 사랑, 행복,' 등 열 가지 분야에 걸쳐서 우리가 삶을 살아가면서 반드시 기억하고 실천해야 할 주옥 같은 교훈 중에서 발췌하여 수록하였다. 쇼펜하우어의 글은 이미 100년 전에 쓴 글이지만, 시대를 초월하여 삶의 올바른 방향을 찾고자 노력하는 우리에게 올바른 방향과 현명하게 살아가는 지혜를 명확하게 제시하고 있다.

차례

왜 지금 다시 '쇼펜하우어의 철학'이 필요한가?

PART 1

행복에 대하여

01

행복과 기쁨은
주관에
의해서 결정된다

"시장이 최고의 반찬이다." "젊은이와 노인은 통하지 않는다."는 예전부터 전해오는 말이 있다. 이 말은 인생의 기쁨과 행복은 객관적인 사실이 아닌 주관적인 요소로 결정된다는 말과 통한다. 이러한 진리는 평범한 사람에게 적용됨은 물론 천재나 특별한 사람에게도 적용된다. 주관적인 것의 중요성은 객관적인 것과는 감히 비교할 수 없다. 이런 사실은 우리는 항상 체험한다. 건강은 어떤 축복과도 비할 바가 못 된다는 것도 사실이다. 병약한 왕보다 건강한 거지가 더 행복하지 않겠는가?

행복은 주관적인 느낌에 의해 결정된다

행복은 근본적으로 객관적인 사실보다 주관적인 느낌에 의해 결정된다. 예를 들어 아름다운 여인은 청년의 우상이지만 노인에게는 아무런 느낌도 없이 다가온다.

웃음이 많은 사람은 행복하고 눈물이 많은 사람은 불행하다.
신이 인간에게 웃음과 울음을 선사한 이유는 무엇일까?
인간은 웃음과 울음을 통해 자신이 가진 감정을 나타낸다.
웃음은 기쁨을, 울음은 슬픔과 증오를 상징한다.
기쁨이 충만한 삶, 그곳에는 행복이 미소지을 수밖에 없다.

쾌활한 성격은 행복을 배달하는 집배원의 역할을 한다. 그 밖의 다른 모든 것들은 행복의 약속어음에 지나지 않는다.

쾌활한 성격이라는 보물을 얻기 위해 노력하라. 쾌활한 성격은 마치 견고한 성과 같아서 그 속으로 들어가기는 어렵지만, 한 번 들어가면 오랫동안 머물 수 있다.

행복과 불행에 대한 상상력은 모래성과 같다

행복과 불행에 대한 생각은 한 번 시작하면 좀처럼 걷잡을 수 없게 된다. 거센 폭풍의 기운에 휩쓸린 것처럼 제멋대로 자라는 것이 상상력의 특징이다. 행복이나 불행에 대한 상상

력은 모래성과도 같다. 우리는 상상력으로 모래성을 쌓지 않
도록 경계해야 한다.

상상력의 모래성은 많은 열정만을 낭비할 뿐이다. 상상력
으로 세운 건물은 단 한 번의 한숨으로 무너져 내릴 만큼 허
망하다.

그러나 무엇보다도 주의해야 하는 것은 있지도 않은 불행
을 상상하면서 걱정하는 일이다. 바로 눈앞에 불행이 닥치기
전에는 미리 걱정하지 않는 것, 그것이 지혜로운 자의 행동
이다.

행복은 외부에서 찾지 말라

나 이외의 것에서 행복을 얻으려고 한다면 오히려 불행만
초래할 뿐이다.

불행에 대해 두려움을 품고 있다면 당신은 이미 불행하다.
불행한 사람은 영원히 불행을 두려워한다.

행복과 불행은 자신의 마음을 어떻게 움직이는가에 달려
있다.

우리의 생활은 동요와 불안 그리고 노력의 연속이다. 또한
성공과 실패도 서로 교차하는 것이 우리의 삶이다.

마음의 움직임에 따라 행복과 불행의 위치가 바뀐다

어느 누구도 다른 사람을 구원할 수 없다. 우리의 행복과 불행은 전적으로 마음에 달려 있다. 마음의 움직임에 따라 행복과 불행은 서로 자리를 바꾼다. 우리의 인생은 수많은 조력과 고통의 연속이다. 그러므로 어떤 일에 성공했다고 해서 자만하거나 실패로 좌절할 필요는 없다. 행복과 불행은 언제든지 바꿀 수 있기 때문이다.

성공과 실패는 행복과 불행처럼 번갈아가면서 우리를 찾아온다. 성공이나 실패는 영원한 것이 아니다.

지적인 생활은 행복을 선물한다

지적인 생활은 우리에게 행복을 선물한다. 지적인 생활을 누리거나 즐기려면 비범한 정신적 소양이 필요하다. 그러나 지나친 지적 활동은 도리어 불행을 초래하기 쉽다. 지나친 지적 활동은 일상생활의 혼돈과 소란을 감당하기 어렵게 만들기 때문이다.

지적인 풍요로움과 현실의 활동에 균형을 유지하는 것, 그것이 행복의 비결이지만 그 균형을 유지하는 것은 결코 쉬운 일이 아니다.

행복은 대체적으로 단조로운 생활 속에 있다

아름다운 풍경을 보면서 특별한 쾌감을 느끼는 것은 단조로움이 행복의 요건이라는 사실을 드러내는 증거이다.

행복은 단조로운 생활 속에서 우러난다. 단순하고 단조로운 생활은 삶의 무거운 짐을 덜어준다. 단순함을 실개천에 비유한다면 이 실개천은 사나운 풍랑에도 변함없이 조용하게 흘러 바다에 이르는 힘을 가지고 있다.

"나는 모든 소유물을 내 마음 속에 이미 가지고 있다."

이렇게 말할 수 있다면 그는 행복을 얻기 위한 자격을 갖춘 사람이다. 행복은 만족할 줄 아는 사람에게 주어진다. 이 세상에서 확신을 가지고 의지할 수 있는 것은 오직 나 자신뿐이다. 다른 사람과의 교제는 혐오와 손실의 위험을 초래하는 경우가 많기 때문이다.

자신에게 만족하면서 확신을 가지는 자는 이미 행복하다.

행복은 선한 마음에서 나오는 기쁨이다

인간의 자질 중에서 행복에 이르는 지름길로 인도하는 것은 선한 마음에서 우러나는 기쁨이다. 기쁨 그 자체만으로도 큰 보상이 뒤따른다. 사람이 밝고 명랑한 데에는 다 이유가 있다. 인간의 본성이 원래 밝고 명랑하기 때문이다. 다른 모든 자질의 장점을 더욱 돋보이게 하는 것은 오직 밝은 본성 때문이다.

02

행복을 측정하는
척도는 평온한
마음이다

젊고 아름답고 부유한 사람이라고 해도 그 사람이 진정으로 행복한지 아닌지는 어느 누구도 판단할 수 없다. 행복은 객관적인 것이 아니기 때문이다.

행복을 측정하는 유일한 척도는 평온한 마음이다. 언제나 평온한 마음을 유지할 수 있다면 그 사람은 젊거나 늙거나 크거나 작거나 부자이거나 가난하거나 항상 행복한 사람이다.

마음이 평안해야 행복이 들어온다

우리에게는 인내하면서 주위를 둘러볼 수 있는 마음의 평안이 필요하다. 마음이 평온하지 않다면 행복은 절대로 우리의 마음속으로 들어올 수 없다.

모든 미래는 불확실하다. 그러므로 불행이 다가오기도 전에 걱정부터 하는 것은 어리석은 일이다. 우리가 느끼는 미래에 대한 불안과 걱정으로 현재의 일을 주저하거나 포기할 필요는 없다.

미래의 불행은 불확실한 것이지만 현재의 행복은 확실한 것이기 때문이다. 평온한 마음은 현재의 나를 행복하게 만든다. 미래의 불행 때문에 현재의 행복을 포기하는 것은 어리석은 일이다.

행복은 건강이라는 나무에서 피어나는 꽃

행복은 건강이라는 나무에서 피어나는 꽃이다. 건강한 몸과 마음을 유지하기 위해 스스로를 단련하라. 지나친 방탕과 쾌락의 늪으로 끌려 들어가지 않도록 조심하라. 분노나 격정과 같은 격렬한 감정의 혼란을 피하고 정신적인 긴장이 계속되지 않도록 주의해야 한다. 날마다 규칙적인 운동을 하고 섭취하는 음식물에 대한 조절이 필요하다.

인간을 행복하고 불행하게 하는 것은 객관적이고 실재적인 사물이 아니라 그것에 대해 우리가 어떻게 느끼고 어떻게 받아들이는가에 달려 있다. 그리고 그런 느낌과 인식은 건강을 전제로 할 때 올바를 수 있다.

건강하면 모든 것이 기쁨의 원천이 된다. 그러나 재산이 아무리 많더라도 건강하지 않으면 즐길 수 있는 마음의 여유를 가질 수 없다.

음의 기질과 양의 기질이 행복을 나누는 요소

플라톤은 인간이 지닌 다양한 성격의 특징을 음의 기질과 양의 기질로 나누었다. 이것은 행복과 불행을 나누는 근본적인 요소라고 할 수 있다.

우리의 성격은 디스콜로스 즉, 음의 기질과 에우콜로스 즉 양의 기질 영향에 의해 형성된다. 불행한 일이 생겼을 때 어떤 사람은 절망의 나락으로, 또 어떤 사람은 극복의 기호로 서로 다르게 받아들이는 것은 두 영향에 의한 성격 차이 때문이다.

쾌활한 성격을 가진 사람은 에우콜로스의 영향을 많이 받았기 때문에 모든 일을 긍정적으로 받아들인다. 그러나 디스콜로스의 영향을 많이 받은 사람은 매사에 부정적인 측면을 드러내면서 삶을 불행하게 만든다.

진짜 행복한 사람

풍부한 지성을 갖춘 사람은 어느 누구보다 행복하다. 그리고 사람들에게 큰 영향력을 미치는 지성인은 분명 객관적인 지식보다는 주관적인 지혜가 뛰어난 사람이다. 그 어떤 지식이라고 할지라도 객관적인 것은 간접적이고 이차적인 역할을 할 뿐이다. 지성은 늘 주관을 통해서 작용한다.

03

불행의 나락으로
떨어지지 않으려면

지독할 정도로 불행하지 않으려면 최상의 행복을 바라지 말라. 지적이면서 고통이 없고 강렬한 호기심으로 가득 찬 하루하루가 곧 행복이다.

인생을 행복한 모습으로 바꾸어라

참을 수 없는 것으로부터 인내하는 방법을, 수다스러움으로부터 침묵하는 방법을, 불친절로부터 친절함의 방법을 배우라. 행복과 불행이 반반의 확률일 때 천성이 우울한 사람은 불행한 결말을, 쾌활한 사람은 행복한 결말을 예상한다.

우울한 성격의 사람은 열 가지 계획 가운데 아홉 가지가 성공하면 성공한 아홉 가지는 거들떠보지도 않고 실패한 한 가지 일에만 집착하면서 고통스럽게 살아간다. 그러나 쾌활한 사람은 커다란 의미를 부여하면서 행복하게 살아간다.

행복과 불행은 받아들이는 성향에 따라 우리의 인생은 다양한 모습으로 변한다. 인생을 행복한 모습으로 바꾸는 것은 전적으로 나에게 달려 있다.

자신보다 더 불행한 사람을 돌아다보라

나보다 행복해 보이는 사람은 실제로 자기 자신을 행복하다고 느끼고 있을까?

그러나 그는 내가 모르는 불행 때문에 나보다 더 불행한지도 모른다.

재난을 당했을 때, 가장 좋은 위로는 나보다 더한 불행을 겪고 있는 사람을 돌아다보는 것이다. 질투의 시선을 다른 사람에게 돌리면서 나를 위로할 때 우리는 그 일을 통해서 커다란 위로를 얻을 수 있다.

재물은 행복을 방해한다

생활에 필요한 최소한도 이상의 재산이 결코 행복을 더해

주지 않는다. 재산이 많으면 오히려 행복에 방해가 된다. 재산을 지키는 데는 엄청난 불안이 따르기 때문이다.

가난해도 행복할 수 있다

선량하고 온화한 성품을 지니고 있으며, 진정성이 있다면 가난해도 행복할 수 있다.

반면에 욕심으로 가득 차 있고, 질투가 많고 심술궂은 사람은 설사 세계 최고의 거부가 되더라도 비참함을 면치 못한다.

평범한 대중들이 추구하는 쾌락은 높은 지성과 훌륭한 인격을 갖춘 사람에게는 대부분 불필요한 것이다. 그것은 그냥 번거로운 짐에 불과하다고 해도 과언이 아니다.

재물은 마음의 안정보다 불안을 가져온다

가난한 사람들 중에도 즐겁고 만족스러운 표정을 짓고 살아가는 사람이 있다. 그리고 부유한 사람들 중에도 언제나 우울하고 불만스러운 표정을 짓고 있는 사람들이 있다. 그것은 재물이 행복의 척도가 아님을 보여주는 증거이다.

가난한 사람이 부유한 사람보다 오히려 더 여유로운 마음을 가지고 있는 경우가 많다. 마음의 여유는 행복과 직결되

지만 재물은 마음의 안정보다는 그 재물이 사라져 버리지나
않을까 하는 불안을 가져온다.

PART 2

사랑에 대하여

01

사랑의 실체를
본 사람은 없다

우리 인간의 삶 중에서 가장 시(詩)적이며 아름다운 삽화는 사랑이다. 사랑에 빠지면 그 사람의 행동 자체가 완전히 달라진다. 모든 일에 적극적이며 긍정적이다. 그 사람은 항상 들떠 있다. 사랑이 삶에 대한 의욕을 강하게 불어넣어 주기 때문이다.

사랑의 비밀 속에는 하나의 장막이 있다. 따라서 사랑하게 되면 그 사람은 연인의 사랑만 얻게 된다면 끝없이 행복이 찾아올 것으로 믿는다.

많은 사람들은 사랑이라는 엄숙한 주제를 너무나 간단한

것으로 취급한다. 또한 그들은 사랑이 운명처럼 저절로 다가오기를 기다린다. 그리하여 적극적으로 행동하지 않고 늘 수동적으로 사랑을 시작한다.

사랑을 위하여 내가 먼저 무엇인가를 헌신하지 않아도 되며, 언젠가는 그 사랑이 저절로 다가올 것이라는 환상에 젖어 있기 때문이다.

사랑을 결코 수동적인 자세로 기다리게 되면 비극적이고 불행한 삶을 살게 된다.

사랑은 누구든 마냥 기다리는 과정에서 결코 이루어지지 않는다. 따라서 사랑을 하려면 언제나 능동적이어야 한다.

사랑은 실체가 없어도 존재한다

많은 사람들이 사랑에 대해서 말한다. 그러나 사랑의 실체를 제대로 본 사람은 이 세상에 아무도 없다. 사람들은 사랑의 현실성과 자연성을 부정한다. 그것은 크나큰 잘못이다. 왜냐하면 눈으로 확인할 수 없어도 사랑은 이 세상에 여전히 존재하기 때문이다. 모든 시대에 걸쳐서 천재 시인과 작가들은 끊임없이 사랑을 묘사하며 추구한다.

실제로 사랑이 없다면 어떤 예술이라도 그 예술의 아름다움은 존재하지 않는다.

사랑의 가치는 세상의 어떤 가치보다도 소중하며 아름답다. 그러나 사랑이 아름답고 소중한 만큼 우리의 눈을 어둡게 또는 멀게 하기도 한다.

사랑은 유령처럼 그 모습을 드러내지 않는다. 스치는 바람처럼 자신의 느낌만을 우리에게 전할 뿐이다.

사랑은 눈으로 확실히 볼 수 없기에 사람들은 더욱더 사랑에 목말라 한다. 또한 예술가들은 그 모습을 나타내려고 지금도 많은 노력을 기울이고 있다.

만일 사랑이 눈앞에 분명하게 드러내는 것이라면 그렇게 가치가 없을 것이다. 사랑은 실체가 없는 것이기에 귀중한 보석처럼 어느 곳에나 빛나고 있다.

인간은 사랑 없이 살 수 없다

사랑은 미궁 속에서 날개를 활짝 펴고 있다. 누구든지 그 미궁 속에 들어가면 빠져나오지 못한다. 사랑은 이성이 아니라 감성에 속하기 때문이다.

사랑이 이성에 속한다면 사람들은 그 사랑을 얼마든지 분석할 수 있을 것이다. 그러나 이성이 아닌 감성에 속하기 때문에 어느 누구도 제대로 분석할 수 없다. 사랑은 이성이 결정할 수 없는 그 무엇이다.

사랑은 마치 물처럼 언제나 목적을 달성하고 만다. 사랑은 어떤 경우에도 그 목적지인 바다에 도달하고 만다. 사랑 또한 그 목적을 이루고 만다. 그것이 사랑의 힘이다.

상대나 다른 사람을 사랑하지 않으면서 사랑만 받으려고 하는 그 욕망은 결코 이루어지지 않는다.

다른 사람을 순수하게 사랑하지 않으면서 또 사랑하지 못하면서 사랑을 받기만 바라는 것은 크나큰 잘못이다.

시인들이나 작가들이 작품에서 다루는 것은 그 작품이 희극이든지 비극이든지 또 시대가 낭만주의 시대나 고전주의 시대를 불문하고, 아시아나 유럽 어느 지역을 떠나서 다루어온 남녀간의 사랑이다. 사랑은 언제나 서정시의 주제가 되었다.

대부분의 문학 작품은 사랑과 정열의 깊이를 여러 가지 방식과 서로 다른 시각으로 묘사한 것에 지나지 않는다. 그 대표적인 작품으로 <로미오와 줄리엣> <젊은 베르테르의 슬픔> 등이 있다.

지금도 명성과 인기를 얻고 있는 많은 작가들은 사랑을 주제로 한 작품을 쓰고 있다. 그것은 우리가 한순간이라도 사랑을 하지 않으면 살아갈 수 없다는 것을 나타내고 있는 것이다.

사랑의 힘은 어떤 장애물도 물리칠 수 있다

사랑의 힘 앞에 굴복하지 않는 것은 아무것도 없다. 사랑의 힘은 그 사랑을 가로막는 어떤 장애물도 물리칠 수 있다 그 힘은 사랑을 위해 목숨까지도 아낌없이 내던지는 용기를 발휘한다. 어떤 사람은 모든 열정과 시간을 바쳤음에도 사랑이 이루어지지 않으면 자신의 귀중한 목숨까지도 서슴없이 포기한다. 이런 사람들은 '자살'이라는 마지막 방법으로 사랑의 실패에 대한 보상을 받는다.

로미오와 줄리엣, 베르테르 같은 인물은 소설 속에서만 존재하는 것은 아니다. 그런 인물은 지금, 여기, 우리 시대에도 존재한다.

우리는 방송이나 매스컴을 통해서 그런 사실을 알게 된다. 사랑을 위해 죽음을 선택하는 사람들은 이 세상을 조용히 하직한다. 그들이 겪은 고뇌와 흔적들은 신문이나 잡지 등을 통해서 남아 있다. 사랑을 위한 그들의 선택은 오로지 동사무소 직원들에 의해서 신속히 처리되고 만다.

그러나 그들의 이름은 이 세상에서 사라짐과 동시에 사랑이라는 이름으로 이 세상에 영원히 남게 된다. 그들의 고뇌와 고통은 세상 사람들에게는 하나의 불장난으로 치부될 수 있다 그러나 사랑을 위해 외롭게 투쟁하는 사람들에게는 진정한 사랑을 위해 선택한 그들의 죽음이 구원의 빛으로 살아 있을지 모르나 죽음이 희망의 빛으로 살아남는 일은 드물다.

이 세상을 살아가도록 하는 힘은 사랑이다

우리가 삶을 유지하도록 하는 궁극적인 목적은 사랑이다. 고통과 불행으로 가득한 이 세상을 살아가도록 하는 근본적인 힘은 바로 사랑이다.

사랑이 우리가 고통을 이겨내고 힘든 세상을 이겨내게 하는 힘이 되어 왔다.

질투에 사로잡힌 이유

사람들이 질투의 감정에 사로잡힌 이유는 자신보다 나은 처지에 있는 사람을 바라보기 때문이다. 그 사람이 자기보다 많은 재물을 갖고 있거나 다른 사람으로부터 많은 사랑을 받고 있다고 느낄 때, 대부분의 사람들은 신의 비정함을 돌아보게 된다.

모든 불행의 시작은 비교하는 것에서 시작한다.

그러나 생각해 보라. 이 세상에는 나보다 불행한 사람이 얼마나 많은지를, 태어날 때부터 눈이 멀었거나 듣지 못하는 사람들, 한 끼 식사도 제대로 못하는 사람들, 그들 역시 그대의 주변에서 그대와 함께 살고 있는 사람들이다.

사랑은 행복해지기 위해서 받아들이는 것

서로 사랑하는 것만으로도 최고의 행복을 누리고 있다고 확신하는 두 사람이 있다고 생각하자. 그러나 사랑 때문에 최고의 행복을 느끼는 두 사람이라고 하더라도 주위의 환경이나 사람들의 반대에 부딪히게 되면 그들은 용감하게 일어나 사회의 폐습을 끊어 버리지 못한다.

그들은 그저 모든 굴욕을 달게 받으면서 살다가 인생을 마감하는 방법을 선택한다. 그러나 사랑의 완성은 죽음이 아니다. 절망에 빠진 나머지 최후의 수단으로 선택할 수는 있겠지만 죽음은 이 세상에서의 행복을 포기하는 일이라는 사실을 명심하라. 사랑은 우리가 행복해지기 위해서 우리가 받아들이는 것이다.

02

사랑의 가치는
너무 크다

사랑은 정직한 사람을 거짓말쟁이로, 충신을 반역자로 바꾼다. 사랑은 항상 인류에게 새로운 과제였다. 지금까지 사랑에 대하여 가장 큰 관심을 기울였던 철학자는 플라톤이다.

플라톤은 <향연>과 <파이드로스>에서 사랑의 문제를 논하고 있다. 그러나 플라톤이 사랑의 문제에 대하여 말한 것은 신화와 우화, 그리고 비유 영역에서 벗어나지 못하고 있다.

루소도 <불평등 기원론>이라는 책에서 사랑을 언급했다. 하지만 그의 견해는 오해의 여지가 많았다.

사랑에 대한 칸트의 이론은 <미와 숭고한 감정에 대해>에 정리되어 있다.

그런데 스피노자가 역설하는 사랑에 대한 정의는 매우 소박하면서도 강렬함을 준다. 그는 이렇게 말한다. "연애는 외부적인 원인이 관념에 안겨주는 쾌락"이라고.

사랑을 정확하게 정의할 수 있는 사람이 있을까? 그것은 후세에도 불가능할 것이다.

사랑의 가치는 너무나 크고 다양해 어느 누구도 완전한 의미와 가치를 깨닫지 못할 것이기 때문이다.

연인들의 사랑은 이성적인 요소를 포함한다

사랑은 우리가 미처 예상하지 못하고 있을 때, 갑자기 우리 내부로 들어온다.

우리의 삶은 사랑의 지배를 받고 있다고 해도 틀린 말이 결코 아니다.

사랑은 형이상학적이며 절대적인 요소를 가지고 우리에게 다가온다. 특히 연인들의 사랑은 이성적인 요소를 많이 내포하고 있다.

지금 내가 사랑하는 여인이 그녀가 태어난 해보다 18년 전에 일찍 태어났다고 해도 나는 그 여인을 지금처럼 사랑할 수 있을까?

성적 본능에서 비롯되는 남녀의 사랑

성욕은 자기 보존의 본능과 함께 우리의 생활에 가장 강력하게 작용하는 본능 중 하나이다. 성욕은 우리의 모든 행위를 가장 활동적으로 만드는 요소인 것이다. 성욕은 청춘기에 있는 거의 모든 사람들의 정력과 열정을 자극하고 있다.

성욕의 영향은 대단하여서 인생의 목표를 온통 성욕을 만족시키는 것으로 정하는 사람도 있을 정도니까.

사랑의 폐단

어떤 일에 열중하고 있는 사람이 사랑에 빠지게 되면 그 사람은 자신이 열중하고 있던 일을 너무나 쉽게 포기한다. 경우에 따라서 사랑은 세상을 보는 지혜에 혼란을 가져오기도 하고 시끄러운 사건을 일으키는 원인이 되기도 한다.

사랑은 가까운 친구 사이의 의리와 우정도 쉽게 배반하게 만든다. 맹세도 사랑의 앞에서는 하찮은 것으로 변하며 튼튼한 사슬도 끊어진다.

사랑은 때때로 수많은 사람을 희생시키고 생명과 건강, 재산, 명예, 행복 등을 한순간에 빼앗기도 한다.

03

사랑은 그 무엇의
희생을 요구한다

사랑의 힘 앞에서는 굴복하지 않는 것이 아무것도 없다. 그런 커다란 힘을 지니고 있기에 사랑은 세상에서 가장 의미 있고 아름다운 것일 수 있다. 그러나 사랑은 한 사람의 인생을 망치게도 하고, 세상을 살아가는 일에 가장 중요한 지혜와 의지를 꺾기도 한다.

우리는 사랑을 얻는 대신에 때때로 자신의 소중한 그 무엇을 잃기도 한다.

사랑의 가치는 사랑에 빠진 사람들의 진지하고 열정적인 태도에서 발견할 수 있다.

모든 연애의 궁극적 목적은 자기 존재의 회복이라고 할 수 있다. 그 사랑이 비극으로 끝나거나 희극으로 끝나거나 사랑은 인생의 여러 목적 중에서 가장 엄숙하고 신중한 것이기 때문이다. 자기의 모든 존재가 달려 있는 일이기에 우리는 사랑에 열중할 수밖에 없다.

사랑과 성욕은 아주 밀접한 관계를 지니고 있다. 사랑하는 사람들은 자기 다음 세대를 만들기 위해 노력한다. 사랑을 통해 우리는 자신의 생명을 지속시켜 나가는 새로운 생명을 잉태할 수 있다. 그것은 신이 인간에게 내린 혹독한 형벌이자 대단한 축복이다.

불행으로 가득한 삶을 살아가는 동시에 사랑으로 그 불행을 견딜 수 있게 하는 두 가지의 길을 신은 인간에게 내려준 것이다. 그리고 우리는 자신이 선택한 사랑의 방식과 정열의 정도에 따라 우리 후손을 만들어간다.

이 세상에 사랑이 없다면

모든 연애 사건은 인류의 생존에 대한 진지한 성찰이다. 이 세상에 사랑이 존재하지 않는다면 우리는 지금 이 순간부터 또 다른 길을 걷게 될 것이다. 지금 우리가 살아가는 시대는 이전 세대의 사랑에 전적으로 의존하고 있다. 또한 미래 세

대는 우리의 사랑에 의존하고 있다

삶을 견디게 하는 힘, 사랑이다

우리가 삶을 살아가는 궁극적 목적은 무엇일까? 고통과 불
행으로 가득한 삶을 견딜 수 있도록 하는 근원적 힘은 무엇
인가? 그것은 바로 사랑이다.

사랑은 우리가 세상을 지탱하면서 견디게 하는 힘이 되어
왔다. 그 사랑은 인간에게 용기와 무한한 힘을 주었으며, 과
거에서 미래에 이르기까지 인간의 삶을 지배하고 있다.

지금 당신의 삶을 견디게 하는 것도 누군가에 대한 사랑 때
문이 아닐까?

남녀 사이의 사랑의 목적은 후손을 낳는 것

모든 사건의 해결책은 언제나 우리 손에 달려 있다. 자신
의 사랑을 무엇으로도 보상받지 못한 사람 중에는 상대를 육
체만이라도 자기 것으로 만들려는 욕망을 품게 된다. 결혼이
나, 물질을 이용한 강압적인 성교, 혹은 폭력에 의한 강간 등
이 그렇다.

우리가 비록 깨닫지 못하고 있다고 해도 남녀 사이의 사랑
에서 최종 목적은 후손을 낳는 것이다. 그렇게 하기 위한 전

제는 육체적 접촉이다. 사랑의 과정에서 일어나는 다른 모든 일들은 부수적인 조건에 불과하다.

이런 견해를 순결하고 낭만적인 사랑을 나누고 있는 연인들은 반박할 수도 있다. 하지만 그것은 그들이 사랑의 본질을 깨닫지 못한 탓이다.

미래에 우리 뒤를 이어서 사랑을 나눌 후손들에 대해 생각하는 일은 연인들의 꿈이나 환상보다 더욱 중요하다.

사랑의 정열은 잠재적인 형태로 숨어 있다

개성은 다른 사람이 지니지 않은 자신만의 특별한 성격이다. 그 개성이 어디에서 기인하는가를 설명하는 것은 쉽지 않은 일이다. 그러나 사랑의 힘이라는 열쇠를 생각한다면 이 문제는 쉽게 해결된다.

사랑은 전혀 다른 개성을 지니고 있는 두 사람을 서로 끌어당긴다. 사랑의 정열은 어느 누구에게나 잠재적인 형태로 숨어 있다. 그 정열이 외부로 드러날 때, 우리는 사랑에 빠지게 된다.

생명의 시발점은 연인이 사랑을 속삭이기 시작한 바로 그때부터 시작된다. 이런 사랑 속에서 잉태된 생명의 성격은 두 사람이 만든 열정에 따라 독특하게 태어난다.

인간은 본능적으로 자신의 부족한 점을 채우려 한다

강렬한 사랑은 두 사람이 느끼는 사랑의 기준이 일치하는 순간 이루어진다.

그러나 두 사람의 이상형이 모두 완벽하게 일치하는 경우는 거의 없다.

그런 이유로 남자는 자신에게 부족한 점을 가지고 있는 여자를 선택한다.

이것 역시 여자의 경우도 마찬가지라고 할 수 있다. 우리 주위에서 정열적인 사랑을 찾아보기 힘든 이유도 사랑의 신비는 바로 여기에 있기 때문이다.

인간은 본능적으로 자신에게 부족한 점을 메워 완벽해지려는 욕구를 지니고 있다. 그리고 그 욕구는 사랑을 할 때 확연하게 드러난다.

자신에게 부족한 특성을 가진 사람을 본능적으로 찾게 되는 것이다. 그런 사람이 나타났을 때 우리는 그를 정열적으로 사랑하게 된다.

그러나 이성적으로 이상형이라고 생각했던 사람을 만나도 정열적으로 사랑할 수 없는 경우가 있다. 그것은 그 사람의 이성과 감정이 불일치를 이루었기 때문이다. 사랑은 이성보다 감정이 이끄는 대로 시작된다.

가장 완벽한 사랑은 정열의 사랑이다

정열의 사랑을 할 수 있는 가능성은 누구에게나 존재한다. 그리고 이런 사랑이야말로 가장 완벽한 사랑이다. 위대한 시인의 작품에 나오는 정열의 사랑을 보면 감동을 느낀다.

그러나 훌륭한 몸과 올바른 마음을 가진 두 젊은 남녀가 잘 어울리는 감정과 성격으로 서로 이해하고 아낀다고 해도 만약 여기에 그친다면 열정적 사랑은 일어나기 힘들다.

사랑은 우정과 같지 않다. 비슷한 성격과 감성을 가진 사람들은 좋은 친구일 수 있다. 그러나 사랑에는 정열이 있어야 된다. 서로가 정열이 없다면 아무리 잘 어울리는 사이라도 사랑이 생겨날 수 없다.

서로 성격이 어울리지 않더라도 사랑이 성립되는 경우는 있다. 그러나 정열이 없다면 아무리 잘 어울린다고 하더라도 사랑이 싹트지 않는다. 서로 성격이 어울리지 않더라도 사랑이 싹트는 경우는 정열이 그 두 사람을 맹목적으로 눈을 멀게 만들기 때문이다.

사랑이 영향을 미치는 좌절감

소유를 향한 욕망은 강력한 힘을 낳는다. 그런 이유로 우리는 이성에게 무엇인가를 간절하게 원한다. 그러나 자기가 원하는 것을 얻지 못하거나 상대방으로부터 거절을 당하면 너무나 큰 좌절을 맛본다.

좌절감은 사랑에 크나큰 영향을 미친다. 좌절한 연인은 자기 자신을 죽일 수 있을 정도의 불행한 경험을 하게 되며, 이루어지지 않는 사랑으로 인해 우리 영혼은 너무나 깊이 병든다.

이 세상에서 가장 달콤한 것은 사랑이다

이 세상에서 사랑만큼 달콤한 것은 없다. 사랑 다음으로 달콤한 것은 미움이다. 증오는 사라질 수 있지만 사랑은 영원하다. 미움을 미움으로 갚으려 한다면 그 미움은 끝내 풀리지 않는다. 미움은 그 감정을 없앨 때에만 풀리게 된다. 증오의 불씨는 마음속에서 억누르면 그 증오는 더욱 맹렬한 기세로 타오른다.

이루어지면 행복하고, 이루어지지 않으면 불행한 사랑

그러나 이것은 사랑에 대한 본질적 문제가 아니다. 사랑은 넓게 생각하면 인류의 생존과 계승에 관한 문제라고 할 수 있다. 개인의 사랑에 대한 의지는 사회적인 시각으로 바라보면 종족에 대한 의지이다.

사랑은 우리에게 안겨주는 감동만큼이나 숭고한 일면을 지니고 있다. 그러나 사랑은 환희와 고뇌를 동시에 선물한다.

시인들이 수천 년 동안이나 사랑을 묘사하면서 전혀 싫증을 느끼지 않았던 것은 사랑보다 흥미롭고 감각적인 주제를 찾을 수 없었기 때문이다.

사랑은 그 어떤 것과도 비교할 수 없는 가치를 지니고 있다. 사랑은 사랑 그 자체만으로 충분한 가치를 가진다.

그 사실을 깨닫게 되면 당신은 완벽하고 진실한 사랑을 경험할 수 있을 것이다.

우리의 생존방식과 밀접한 관계가 있는 사랑

사랑은 우리 생존방식과 밀접한 관련이 있다.

사랑은 성욕이라는 통로를 통해 미래 후손들과 연결된다.

미래 후손을 만들고자 하는 우리 본능은 사랑하는 사람에 대한 찬미라는 구름 안에서 진정한 모습을 감추어 버린다. 연인에 대한 찬사가 아무리 훌륭한 것이라고 해도 그 찬사의 최종 목적은 자신의 후손을 만들어내는 일이라는 사실을 명심하라. 그것은 연애가 결국은 상대방을 자기 소유로 하려는 것에 지나지 않는다는 사실을 보더라도 충분히 이해할 수 있는 일이다.

사랑은 다른 사랑에 비해 이기적이며 육체적이다. 이러한 사랑은 타인을 생각하는 동시에 자신의 이기를 앞세우는 성격을 가진다. 따라서 이성간의 사랑에는 끊임없는 확인 작업이 필요하다.

그런 사랑은 서로를 바라보면서 사랑을 의식하는 것, 내가 주는 만큼 받는 것이 있어야 유지될 수 있다.

우리의 생명이 가지고 있는 유한성은 후손을 통해 극복될 수 있다. 생명에 대한 본능적인 의지가 이러한 것을 가능하도록 만든다. 생명의 유전에 대한 본능은 결코 포기할 수 없는 것이다.

이렇게 해서 태어나는 자식은 부모로부터 성격과 재능을 물려받게 된다. 그 용모는 아버지를 닮고 자태는 어머니를 닮는다. 그래서 우리의 생명은 자식을 통해 지속된다. 그러나 그에 앞서 선행되어야 할 것은 사랑의 진정한 목적을 인식하는 것이다.

진정한 사랑의 가치를 인식하지 못한 채 뜨거운 정열과 무책임한 성적 욕구만을 추구한다면 그 사랑은 공허와 후회만을 남기게 될 것이다. 사랑을 올바로 이해하기 위한 첫째 작업은 사랑과 애정의 진정한 주인은 지금 이 순간에는 존재하지 않지만 나중에 태어날 다음 세대라는 사실을 인식하는 일이다.

그리고 그 후손이야말로 사랑의 진정한 목적이 된다. 이런 의식을 가지고 있다면 우리는 좀더 숭고하고 정결한 마음으로 서로를 아끼고 사랑할 수 있을 것이다.

인간의 이상인 동시에 현실인 사랑

생명은 어떤 의미에서 플라톤이 주장한 이데아의 세계에 깃들어 있다. 플라톤은 시간과 더불어 변하는 일 없이 항상 동일한 것으로 머무는 영원한 것을 이데아라고 불렀다. 이데아의 세계가 현상계에 나타나기 위해 노력하는 것처럼 인간이 가진 독특한 이데아는 두 사람이 미래의 부모가 되기 위해 노력하는 과정 속에 깃들어 있다.

사랑은 수많은 모습을 하고 나타난다. 슬픔과 환희, 고통과 즐거움, 천국과 지옥의 경험을 동시에 할 수 있는 것이 바로 사랑이다. 그러나 사랑의 본질은 언제 어디서나 동일하다.

사랑은 우리에게 혼란과 기쁨을 동시에 주면서 우리의 주변을 맴돌고 있다. 사랑은 인간의 이상인 동시에 현실이다.

사랑은 현상계에 나타나 느낌과 형태로 발현되기를 기다리고 있다. 그리고 그것이 두 사람 사이의 눈빛을 통해 움직이기 시작할 때 그들의 가슴에 사랑의 본질이 싹튼다.

그 사랑의 본질은 생명이며 이것은 영원히 변하지 않는다.

05

아름다움이 없는
연애는 성적 요구에
지나지 않는다

성욕이 감각적인 쾌락에 그치는 것이라면 아름답거나 추한 외면적인 모습은 아무런 문제도 되지 않을 것이다.

성욕을 해소할 수 있는 대상이 이성이라면 어느 누구라도 가능하기 때문이다.

그러나 우리는 사랑을 통해 아름다움이 없는 연애는 하나의 진절머리 나는 성적 욕구에 불과하다.

인간은 불완전한 존재이다

때때로 우리는 자신이 가지고 있는 결함과 정반대의 성격을 가진 결함을 상대방으로부터 찾아낸다. 그리하여 비로소 그것을 아름다운 것으로 생각하기도 한다.

키 작은 남자는 키 큰 여자를 좋아하고 피부 하얀 사람은 피부 검은 사람을 좋아한다. 남자는 자기와 어울리는 아름다운 여자를 발견하면 미칠 듯한 애정을 느낀다. 그리고 그 여자와 결혼했을 경우에 누리게 될 행복한 모습을 환상으로 그리게 된다. 그것은 아름다운 이성을 통해 자기 자신을 완전하게 유지하려는 욕구에서 나온다. 그것은 본능에 의한 자연스러운 발로이다.

인간은 불완전하며 항상 불행에 깊숙이 빠져 있다. 그런 이유로 인간은 자신의 불완전함을 보완하려는 욕구를 가지고 있다. 불완전은 불안과 위험을 동시에 가져오기 때문이다.

이성을 통해 불완전을 완전함으로 바꾸려는 것은 사랑의 아름다운 산물이기도 하다.

사랑할 때 감성은 이성보다 월등하게 작용한다

대개 열렬한 사랑은 첫눈에 무르익는다. 자신이 사랑하는 사람을 다른 사람에게 빼앗기거나 사랑하는 사람과 헤어졌을 때 견딜 수 없을 정도로 심한 괴로움을 겪는 것은 그 고통이 초월적인 마력을 지니고 있기 때문이다. 다른 어떤 희생보다도 사랑하는 사람을 단념하는 것은 견디기 힘든 고통이다.

슬픔에 잠기는 것이 부끄러운 일이라고 생각하는 영웅도 사랑의 슬픔만큼은 억제하지 못한다.

영웅은 사랑을 위해 자신의 승리를 포기하기도 한다.

사랑은 이 세상의 다른 어떤 가치보다도 귀중한 것이기 때문이다.

아름다운 얼굴에 중요한 역할을 하는 코

아름다운 얼굴은 언제나 사람들의 관심을 끈다. 그 중에서도 코는 매우 중요한 역할을 한다. 단정한 코는 얼굴의 아름다움을 완성할 수 있지만 못생긴 코는 얼굴 전체의 균형을 망칠 수 있기 때문이다.

오래 전부터 코의 높낮음의 차이는 수많은 여인들의 운명을 결정했다. 코는 얼굴 전체의 중심을 잡아주는 역할을 하기 때문이다.

아름다운 눈과 높은 이마는 지적인 특성을 표현한다. 그만큼 얼굴의 아름다움은 사랑에서 피할 수 없는 요인으로 작용한다는 것을 기억하라.

남성이 육체적인 결함을 가지고 있더라도 여성은 생식을 통해 그 결함을 보충할 수 있다.

여성의 도움으로 남성은 후손을 얻으면서 자신의 결함을 교정할 수 있는 것이다.

여성은 남성의 고유한 특질을 사랑한다. 남성적인 골격 구조, 넓은 어깨, 곧은 다리, 근육의 힘, 곧은 수염, 알 수 없는 용기 등이 특질이다.

이성간의 사랑은 상호보완적인 성격을 지닌다. 내가 다른 사람을 사랑하는 것은 내가 상대방에게 원하는 사랑을 확인하는 것이다.

사랑은 이성이 아닌 감성에 의해서 만들어진다

남자는 우악스럽고 억세고 미련하지만 여자는 교양 있고 고상하며 사고력이 풍부하고 우아한 경우가 있다.

남자는 고난도의 지식을 요구하는 학자로 일한다. 하지만 여자는 단순하고 머리가 나쁜 경우도 있다. 그것은 사랑 때문에 가능한 일이다.

사랑은 이성이 아니라 감정에 의해 만들어지는 것이다.

전혀 어울릴 것처럼 보이지 않는 사람들이 사랑을 하는 일.

이성적으로는 납득이 안 되는 환경의 사람끼리 서로를 아끼는 일. 그것은 사랑이 우리에게 보여주는 위대한 선물이며 기쁨이다.

사랑은 불가능한 것을 가능케 한다

사랑은 불가능하다고 믿던 일을 가능하게 만드는 기적을 가지고 있다. 그 기적이 현실로 우리 눈앞에 펼쳐질 때 우리는 감동의 눈물을 흘린다.

사랑의 힘으로 역경을 극복한 사람들을 보면서 우리가 미소 짓는 이유는 사랑이 우리에게 보여준 위대한 감동과 힘에 의한 것이다.

사랑은 우리를 지배하는 영원한 폭군이다.

어떤 사람을 깊이 사랑하면서 동시에 그 사람을 존경하는 일은 거의 불가능하다. 그러므로 우리는 다른 사람의 사랑을 받기 위해 노력할 것인가, 아니면 다른 사람의 존경을 받기 위해 노력할 것인가를 선택해야 한다.

06

이성을 유혹하고
싶다면
본능에 호소하라

이성이 아니라 본능의 도움을 받는 것만이 진실하고 정열적인 사랑을 만든다. 이성적인 선택에 의해 결혼에 이르는 연인들도 있다. 하지만 그들은 결코 열렬한 사랑에 빠지는 일이 없다.

교양 있고 총명한 여자가 지성과 재능에 관심을 보이기도 하고, 이성적이고 사색을 즐기는 남자가 아내로 맞이할 여자의 성격에 직접적인 영향력을 미치지 않는다. 사랑은 이성적 판단이나 조건과 아무런 상관도 없다.

그런 외부적인 조건들이 간접적으로 작용해 결혼을 하거나 사랑을 할 수도 있다. 그러나 그것은 나사 빠진 기계처럼 위험하고 허술하다. 그것은 언제 무너질지 알 수 없는 모래성처럼 허약하기 때문이다.

조건이 아니라 본능이 이끄는 감정에 충실한 사랑이야말로 인생을 견디는 굳건한 성이 될 수 있다.

아름다움을 추구하는 것은 인간의 본능이다

아름다움을 추구하는 것은 사랑의 내부에 깃들어 있는 또 하나의 본능이다.

남자는 자기의 특질과 어울리는 여자를 만나기 위해 노력한다. 만약 꿈에 그리던 여자가 눈앞에 나타나면 남자는 즉시 사랑에 빠지게 된다. 사랑에 빠진 남자들은 그 여자를 얻기 위해서라면, 어떤 무리한 결혼도 마다하지 않는다.

그들은 때때로 자신의 삶을 망쳐 버리는 무모한 사랑도 망설이지 않는다. 사랑에 빠진 사람들은 주위 시선이나 질책에 주의를 기울이지 않는다.

사랑에 빠진 사람에게 세상은 자신과 사랑하는 사람만이 존재하는 아름다운 낙원이다. 그러므로 타인은 성가신 파리와 같은 존재에 지나지 않게 된다.

그러나 시간이 흘러 사랑이 지나가면 비로소 깨닫게 된다.

사랑이 그에게 씌웠던 자욱한 안개의 의미와 비극을.

우리는 이성과의 사랑을 통해 자기 자신에게 부족한 특질을 보충할 수 있으며 스스로를 높은 차원으로 올릴 수 있다.

사랑의 감정은 본능에 따라 움직이는 경우가 많다. 우리는 사랑을 하기에 앞서,

자신에게 필요한 특질이 상대방에게 있는지 세밀하게 검토하는 작업을 해야만 한다. 열렬한 사랑의 토대는 이러한 과정을 통해 만들어진다.

진실한 사랑은 서로에게 엄청난 힘과 열정을 안겨준다

그러나 사랑이 뜻대로 이루어지지 않으면 이 세상의 값진 물건들도 모두 보잘것없게 느껴진다. 그리고 자기 자신의 목숨까지도 구차하게 여긴다.

사랑을 얻기 위해서 어떤 종류의 희생도 두려워하지 않으며 사랑의 고통으로 방황하고 자살 소동을 벌이기도 한다. 사랑은 외부를 향해 스스로를 개방하는 것이다.

나에게 밀려오는 것, 내가 맞이해야 하는 것들을 받아들이는 일이 사랑이다. 그러나 두려움 때문에 사랑의 땅에서 도피하는 사람들이 있다.

사랑에 빠질 수 있다는 것은 우리의 신성한 권리이다. 비겁

한 사람조차도 사랑하는 사람이 위험에 처하면 모든 위험과 압력을 극복하고 용기를 내게 된다.

우리가 취해야 할 삶의 자세는 다른 사람을 나의 방식대로 조정하는 것이 아니라, 나 자신의 삶을 건전하게 발전시키는 것이다.

열렬한 사랑에 빠진 사람은 사랑하는 사람이 자기에게 냉정하게 대하면 어떤 방법으로든 사랑하는 사람을 자기 곁에 두고 싶어 한다. 이런 사람은 이루어질 수 없는 사랑의 무거운 사슬을 운명으로 받아들인다. 그 사람은 단 한 순간의 사랑을 위하여 자기의 모든 행복을 한꺼번에 버리는 일도 망설이지 않는다.

사랑은 이렇게 사납고 반항적이고 잔인하고 변덕스러운 성격도 가지고 있다.

사랑하는 사람을 포기하지 못할 때

인간은 사랑이라는 점을 받아들이기에는 너무나 작고 연약하다. 그렇기 때문에 사랑에 지친 많은 사람들은 삶을 포기하기도 한다.

그러나 이러한 비극은 이루어지지 못한 사랑에 의해 생기는 것이 아니다. 이루어진 사랑도 불행을 초래하는 경우가 있다. 왜냐하면 사랑의 요구는 현실적인 조건이나 미래의 계획을 외면한 환상에 가깝기 때문이다.

배우자로 맞이할 사람의 기질이나 성격이 자기와 어울리지 않는다는 사실을 알면서도 그 사람을 단념하지 못하는 경우가 있다.

사랑하는 사람을 단념하지 못하는 사람은 집착과 고통 속에서 방황하게 된다. 여기에는 이성적 판단도 무용지물이 되어 버린다. 사랑에 빠진 사람에게는 자기가 지금 사랑하고 있다는 사실보다 중요한 것은 없다.

과거의 행복했던 순간들을 기억하고 그 기억을 오랫동안 음미할 수 있다는 사실은 대단히 경이로운 인간의 능력이다.

우리는 시나 소설에서 사랑하는 연인이 사랑을 지키기 위해 부모의 방해를 극복하는 것을 읽으면 커다란 흥미와 공감을 불러일으킨다.

사랑을 위해 고난을 극복하는 과정은 다른 어떤 일보다 고귀하고 값진 것이기 때문이다.

그런 이유로 거의 모든 시나 소설에서 기본적인 주제로 삼고 있는 것이 사랑하는 연인이 행복을 위협당하는 상황이다. 그리고 대부분의 경우에 연인의 사랑은 매장당하는 것이 아니라 더욱 아름답게 피어나는 것으로 묘사된다.

자신을 희생할 수 있는 사람은 위대하다

자신을 희생할 수 있는 사람은 진정으로 위대하다.

사랑의 가치는 바로 이 희생에서 탄생한다.

그러나 때때로 사랑은 연인에 대한 증오심과 결합하기도 한다. 이런 경우에 생기는 증오심은 버리기가 몹시 힘들다.

행복한 결혼은 좀처럼 찾아볼 수 없다

결혼의 주된 목적이 당사자의 현재 행복이 아니라 다음 세대에 있기 때문이다. 물론 부부 사이에 우정이라는 것이 생길 수는 있다. 하지만 이 우정도 성적 욕망이 사라진 뒤에 생기는 것이 대부분이다. 그럼에도 불구하고 부부가 각자 지닌 육체적 도덕적 특질을 서로 보완하는 부부는 다음 세대를 염두에 두면서 성적으로 사랑하는 것이며, 그 결과 부부에게 알맞은 조화가 이루어진다.

PART 3

인생의 의미에
대하여

01

이 세상은 불행과
고통으로
가득 차 있다

이 세상에는 진지하게 대해야 할 것들이 단 한 개도 없다.
즉, 티끌과도 같은 이 세상에는 값어치가 있는 것들이 존재
하지 않는다. 그리고 인간의 삶은 계속해서 일어나는 크고
작은 일들로 가득하다. 하지만 삶이 우리에게 무엇을 약속
했다고 해도 그 약속은 이루어지지 않는 것이 일반적이며,
설령 이루어진다고 해도 우리의 삶이 얼마나 보잘것없는지
를 절실하게 느낄 뿐이다. 만일 삶이 우리에게 무엇을 준다
면 그것은 단지 다시 찾아갈 수 있기 때문에 잠시 주었던 것
뿐이다.

멀리 떨어져 있는 어떤 대상은 우리로 하여금 낙원처럼 그것을 그리게 만들지만, 막상 우리가 가까이 가면 그것은 환상처럼 사라져 버린다. 다시 말해, 행복은 항상 미래나 과거에 있다. 현재는 햇살이 가득한 벌판에서 한 조각 뜬 구름을 쳐다보는 것처럼, 눈앞은 환하지만 그 자체에는 늘 그림자가 비치고 있다.

근심과 고통, 고뇌는 인간의 운명이다

공기가 없으면 우리의 목숨이 위태로운 것처럼, 생활에 결핍과 고통은 역경과 좌절의 압박이 없으면 인간은 오만한 마음으로 인해 비록 파멸은 모면한다고 해도 걷잡을 수 없이 어리석은 짓을 하게 될 것이다. 아니, 어쩌면 미쳐 버릴지도 모른다. 따라서 어느 정도의 걱정이나 고통, 고난은 모든 인간에게 필요하다. 짐을 싣지 않은 배가 물살에 자꾸 흔들려 곧게 나아갈 수 없는 것과 같은 이치다.

인간은 평생 동안 근심과 고통, 고뇌를 등에 지고 살아가도록 운명지어졌다. 원하는 것마다. 모두 다 이루어진다면 인간은 어떻게 자기 생활을 꾸려나가고, 또 무엇을 위해 시간을 쓴단 말인가?

인간을 게으름뱅이들의 천국으로 옮겨놓았다고 가정해보

자. 모든 것이 그들이 원하는 대로 진행되고, 남자들이 모두 쉽게 애인을 구할 수 있다면, 인간은 아마도 금방 싫증이 나서 죽든가, 스스로 목을 매어 자살할 것이다. 아니면, 전쟁과 살인이 끊임없이 일어나 현재 자연이 인간에게 가하고 있는 고통보다 더한 고통을 인간 스스로에게 가할 것이다. 이런 점에서 인간에게 이 이외의 무대, 이 이외의 존재는 적합하지 않다.

고뇌와 권태는 인간 생활의 최종 요소

우리의 생활은 마치 시계추처럼 고뇌와 권태 사이를 왔다 갔다 하고 있다. 고뇌와 권태는 인간 생활의 최종요소다. 이 같은 사실은 하나의 묘한 형태로 나타난다. 즉, 인간은 지옥을 온갖 죄책과 우환이 득실거리는 곳이라고 말하면서도, 천국에 대해서는 권태 이외에 다른 어떤 단어도 덧붙이지 못한다.

인간의 삶은 시간과 공간의 백지 위에 그려진 그림이다

삶은 끝없는 영혼과 같고, 삶에 대한 강한 의지는 덧없는 꿈과 같다. 삶은 시간과 공간의 백지 위에 의지가 그려놓은 짓궂은 그림이다. 이 그림이 눈 깜짝할 사이에 사라져 버리면 그 뒤에 또 다른 짓궂은 그림이 그려지게 된다.

인간은 무대에서 무엇이 나올지 모르는 어린아이

인생 항로의 앞에 앉아 있는 우리의 모습은 마치 극장 무대에서 무엇이 나올지 기대하며 관람석에 앉아 있는 어린아이와 같다. 이때 아이들이 무대에서 무엇이 등장할지 모르고 있는 상황은 오히려 낫다. 왜냐하면 무엇이 등장할지 알고 있는 사람의 입장에서 보면, 그 어린아이들이 이따금 아무 죄도 없는 범인처럼 보이기도 하기 때문이다. 즉, 사형 대신 무죄를 선고받았지만 그 판결 내용을 아직 못 듣고 있는 상황과 같은 것이다. 이러한 삶을 살아야 하는데도 모든 인간은 오래 살길 원한다. 즉, "오늘은 사정이 나쁘고 앞으로 점점 나빠질 것이며, 그리하여 마지막에 가서는 최악의 경우가 온다."고 말하는 것이다.

세상의 모든 것이 악이다

만일 사람들에게 앞으로 일어날 수많은 고난과 고통을 그대로 보여 준다면 어떻게 될까? 아마도 사람들은 처참한 광경에 놀라 뒤로 자빠질 것이다. 아무리 낙천주의자라고 해도 그에게 직접 외과 수술실이나 노예의 방, 또는 사형장을 보여주고, 가간에 찌든 음산한 소굴과 많은 사람들이 굶어죽은 성곽을 보여준다면, 그도 반드시 이 세상에 존재하는 가장 좋은 것이 어떤 성질을 지니는지 깨닫게 될 것이다. 세상은 폭력으로 가득 차 있다. 우리는 모든 것을 선이라고 주장하는 근대 철학의 그릇된 영향에 물들어 있지만, 엄밀히 말하면 악이 이 세상의 모든 것을 더럽히고 있다. 즉, 세상의 모든 것이 악이다.

인간은 고뇌에 대한 감각이 발달한 동물이다

이 세계는 피가 낭자하는 황야다. 불안과 고통에 시달리는 동물들이 서로를 물어뜯고 있고, 맹수는 무수히 많은 약한 동물들을 삼키며 살아가고 있다. 이성과 지혜가 발달한 동물일수록 고뇌에 대한 감각이 예리하다. 그런 점에서 고뇌에 대한 감각이 제일 발달한 동물은 바로 인간이다.

낙천주의자들은 이러한 세계를 자신들의 학설에 대응시켜 이 세계가 가장 좋은 곳이라고 주장하지만, 이는 전혀 이치에 맞지 않는다. 어떤 사람은 나에게 "눈을 크게 뜨고 태양이 비치는 이 세계가 얼마나 아름다운지를 보세요. 산, 계곡, 강물, 나무, 동물들이 얼마나 아름답습니까?"라고 말할 것이다. 그렇다면 이 세상은 마법사의 등불과도 같단 말인가? 물론 이런 광경들은 보기만 해도 감탄이 절로 나온다. 그러나 산과 나무와 동물 등으로 이루어진 이 세계 자체는 그것과 전혀 별개의 문제다.

낙천주의자는, 인간은 궁극의 원인에서 창조되었을 뿐 아니라 우주의 미묘한 조직 체계를 찬양한다고 말한다. 또한 유성이 충돌 없이 운행되고, 바다와 육지가 뒤섞이지 않은 채 서로 분명한 경계선을 지니며, 지상의 모든 것이 하나가 되는 일도, 열로 인해 녹아내리는 일도 없다고 말한다. 그러나 이것들은 단지 없어서는 안 될 하나의 조건에 지나지 않는다. 하나의 세계가 존재하기 위해서, 즉 먼 항성에서 비치는 관선이 자신에게 도달될 때까지 존재하기 위해서, 또한 렛씽의 어린아이처럼 태어나자마자 곧 꺼져버리지 않기 위해서 근본적으로 우주 자체가 쉽게 붕괴되게끔 서툴게 만들어졌을 리가 없다.

그리고 또 하나, 낙천주의자들이 그토록 찬미하는 이 세상에서 지금 어떤 일들이 일어나고 있는가? 그렇게 견고히 짜여 있는 무대 위에 어떤 배후들이 등장하고 있는가? 조금이라도 현실적이고 성실한 인간이라면 낙천주의자들의 만세 소리에 맞장구칠 엄두가 전혀 나지 않을 것이다. 즉, 인생의 비극과 희극의 재료밖에 남지 않는 것이 바로 현실인 것이다.

인생의 가치는 허무에 있다

인생의 가치를 객관적으로 생각해볼 때 그것이 과연 허무보다 우월한지 의심스럽다. 아니, 만일 경험과 사려의 목소리가 정확하게 들린다면 인생은 그 가치보다 허무가 우월할 것이다. 나는 천국이 어떤지 전혀 모른다. 하지만 이 세상에서의 생활은 값싼 희극이 분명하다.

02

인생은 생존을
위한 괴로운
투쟁의 연속이다

인간이 욕망을 갖는다는 것 자체가 번거로운 일이지만, 살아간다는 것은 욕망을 갖게 된다는 것을 뜻한다. 따라서 인간의 생존이 가지는 본질은 고뇌라고 할 수 있다. 생물은 그 됨됨이가 고귀할수록 원한을 많이 느끼게 마련이다. 인생은 생존을 위한 괴로운 투쟁의 연속이며, 이 투쟁에서 인간이 결국 패하게 된다는 점은 명백한 사실이다. 또한 인생은 끊임없는 사냥이다. 즉, 인간은 사냥꾼이 되기도 하고, 짐승이 되기도 하며 서로 날고기를 약탈하기도 한다. 이 세계의 수많은 동물·식물·광물 등을 살펴보면 동기 없는 욕망, 끊임없는 고뇌와 투쟁, 그리고 죽음으로 점철되어 있다. 이러한 현상은 한 세기에서 또 한 세기로 되풀이 되었으며, 이 지구가 가루가 되어 없어지도록 계속될 것이다.

인간은 궁핍과 권태를 양극으로 하여 생존하고 있다

인간의 생존은 궁핍과 권태를 양극으로 하고 있다. 또한 인간의 성적 만족은 다른 동물에게서는 찾아볼 수 없는 특수한 선택에 의해 이루어지며, 이 선택은 때때로 인간을 복잡하고 격렬한 연애에 빠지게 만든다. 이 선택 역시 인간에게 고뇌와 더불어 순간적인 향락을 가져다준다.

또 하나 놀라운 사실은, 동물과는 달리 인간은 생각하는 능력을 가지고 있기 때문에 모든 동물이 공통적으로 가지는 고통과 즐거움이라는 협소한 터전 위에 행복·불행이라는 어마어마한 건물을 세울 수 있다는 점이다. 이로 인해 인간은 마음의 동요가 심하거나 마음에 타격을 입으면 그 흔적이 얼굴에 고스란히 나타난다. 그런데 인간이 이렇게 어마어마한 건물을 짓고 얻는 소득이라고 해봐야 동물도 가지고 있는 보잘것없는 것들이다. 동물은 그것들을 손에 넣기 위해 인간과는 비교도 안 될 정도로 적은 정욕과 노력만을 지불한다. 죽음이 무엇인지를 알고 있는 인간에게는 쾌락보다 고통이 훨씬 더 큰 비중을 차지한다. 동물은 본능적으로 죽음을 피하려고 할 뿐 죽음이 무엇인지 알지 못하는 데 반해, 인간은 언제나 죽음을 내다보고 있다. 그리고 동물은 먹이사슬에 의해 다른 동물의 먹이가 되는 경우가 많아서 자연사하는 경우가 드문 편이다. 하지만 인간은 자연사를 당연시하고 있다. 이런 점에서도 인간보다 동물이 한 발 더 앞서 있다고 볼 수 있다. 사실, 인간이 자연사하는 일도 동물의 경우와 마찬가지로 매우 드문 편이다. 그럴 수밖에 없는 것이 인간의 생활 자체가 반자연적일 뿐 아니라, 부당한 노력과 의욕에 의해 생겨나는 종족 전체의 퇴화가 자연사에 큰 장애가 되기 때문이다.

식물은 말할 것도 없고, 동물은 인간보다 훨씬 더 단순한 삶에 만족하고 있으며, 인간은 지적 수준이 낮을수록 삶에 만족한다. 생존에 있어서 동물은 인간에 비해 훨씬 더 적은 고통과 즐거움을 가진다. 그 이유는, 동물은 근심 및 걱정에서 오는 괴로움을 모르고, 희망을 갖고 있지 않으며, 생각의 힘으로 즐거운 미래를 상상하지 않는 동시에 그 상상에 수반되는 축복의 환영에 사로잡히지 않기 때문이다. 동물의 의식은 오직 직관하고만 연관되어 있어서 현재 시점에만 사로잡혀 있다. 따라서 아무 생각 없이 현재를 마음 편하게 즐긴다는 측면에서 본다면 인간보다 동물이 훨씬 더 현명하다. 우리가 종종 동물들의 태평스러운 심리 상태를 보면서, 상상이나 불안으로 심란해하고 쉽게 만족을 느끼지 못하는 자신을 부끄럽게 어기는 이유도 바로 여기에 있다.

인간이 지닌 우매함과 사악함에 너그러워야 한다

이 세계, 특히 인간 세계에서 나타나는 현상들의 가장 큰 특징을 한마디로 표현하자면 '어긋남'이다. 모든 현상들이 도덕적 · 지적 · 형이하학적으로 어그러지고 비뚤어져 있다. 그릇된 행동에 대한 변명으로, 그 행동은 자연스러운 것이라고 말하지만 이는 충분한 변명이 될 수 없다. 왜냐하면 그 행동은 악하기 때문에 자연스러우며 자연스럽기 때문에 악하다는 반박을 받을 수 있기 때문이다. 이 말을 올바로 이해하기 위해서는 제일 먼저 원죄에 대해서 알아야 한다.

인간을 도덕적으로 비판하려면 우선 확고한 견지를 지니고 있어야 한다. 즉, 인간은 근본적으로 죄가 많고 사악하며 비뚤어져 있고, 원죄와 죽음의 운명에 떨어져 있다는 견지를 지니고 있어야 한다. 인간의 사악한 본성은 다른 사람에 의해 관찰되기를 원하지 않는다. 그렇다면 이런 인간에게서 무엇을 기대할 수 있겠는가? 이런 견지로 사람을 바라본다면, 우리는 어떤 사람이라도 너그럽게 대할 수 있다. 그의 안에 숨어 있던 악마가 어느 순간 깨어나 나타날지라도 결코 놀랄 이유가 없다. 반면, 어떤 사람이 선을 행하는 것을 본다면, 그 가치에 대해 좀 더 타당한 평가를 내릴 수 있다. 이 경우, 자신의 입장을 잘 생각해봐야 한다. 즉, 궁핍·비참·고뇌가 주를 이루는 삶을 살아가는 사람이라면 당연히 생존을 위해 버둥거리게 마련이므로, 웃는 얼굴만 할 수 없다는 사실도 계산에 넣어야 할 것이다.

우리는 인간이 지닌 우매함과 사악함에 너그러워야 한다. 우리 눈에 들어오는 것들은 모두 우리 자신의 우매함이자 사악함이기 때문이다. 즉, 눈에 보이는 다른 사람의 결함을 우리 자신도 내부에 지니고 있고, 분노를 금할 수 없는 다른 사람의 사악함도 우리 자신의 내부에 깃들어 있다.

03

인간은 시간 속에
갇힌 유동적 존재다

생존이 일종의 착오라는 사실은, 인간은 욕망의 덩어리지 만 그 욕망을 충족시키는 것은 매우 어렵다는 점을 보면 명백해진다. 욕망의 충족에 주어지는 대가라고 해봐야 고작 고통이 사라진 상태에 불과하다. 그리고 고통이 사라졌다고 생각하는 순간, 우리는 곧 권태의 포로가 되어버린다.

시간의 개념 안에서 인간은 유동적인 존재

인생은 현미경으로 봐야 겨우 볼 수 있는, 더 이상 쪼갤 수 없는 하나의 점이다. 우리는 이것을 공간과 시간이라는 두

개의 도수 높은 렌즈로 확대시켜 보고 있을 뿐이다.

시간이란 인간의 두뇌 속에 있는 장치로, 사물뿐 아니라 허무적 존재인 인간에게 지속성을 부여함으로써 실재성이라는 가상을 선사한다. 과거에 행복 또는 향락의 기회를 놓쳤다고 한탄하는 사람은 얼마나 어리석은가! 설령 그 기회를 잡았다고 해도 어느 만큼이나 득을 봤겠는가! 추억은 말라빠진 미라에 지나지 않는다. 그런 점에서 시간 그 자체는 우리에게 지상에 존재하는 모든 향락의 허무함을 가르쳐주기 위한 수단에 지나지 않는다.

시간이라는 개념 안에서 인간은 다른 동물과 마찬가지로 확고부동하고 지속적인 존재가 아니라, 물의 소용돌이처럼 끊임없이 움직여야만 존립할 수 있는 유동적 존재에 불과하다. 왜냐하면 육체는 한동안 그 형태를 유지하지만, 이는 낡은 것을 배설하고 새로운 것을 섭취하는 물질의 신진대사가 있어야만 가능하기 때문이다. 그래서 인간과 동물의 주된 일은 육체를 유지하기 위해 필요한 물질을 쉬지 않고 섭취, 배설하는 것이다. 동시에 인간과 동물은 이러한 생존에도 한계가 있다는 사실을 자각하고 있기 때문에 자신의 삶이 끝나기 전까지 자신을 대신 할 다른 대상에게 생존을 넘겨주려고 한다. 이러한 노력은 성욕의 형식으로 자의식 속에 나타나며,

이 자의식은 사물의 형태, 즉 객관적으로 눈에 보이는 생식기라는 형태로 나타난다. 성욕은 진주 목걸이의 알을 이어주는 한 올의 실과 같으며, 뒤이어 급속하게 나타나는 모든 개체는 진주의 한 알 한 알에 해당한다. 여기에 상상력을 더해, 이 교체의 속도를 빨리하고 계열 전체는 물론 개체 하나하나의 형상은 변하지 않지만 소재는 끊임없이 변한다는 점을 감안한다면 인간은 단지 어떤 가상적인 존재를 지니고 있음에 불과하다는 사실을 알 수 있다. 이러한 견해는 이념만이 참된 존재이며, 모든 사물은 그림자와 같다는 플라톤의 학설에서도 찾아볼 수 있다.

생존을 위한 필수조건은 우리의 끊임없는 욕구의 대상인 물질이 쉬지 않고 섭취·배설되는 것이다. 이 점에서 우리의 생존은 연기, 불꽃, 분수 등과 비슷하다, 연기, 불꽃, 분수도 보급이 중단되면 곧 쇠퇴하고 멈추지 않는가!

살려는 의지는 모든 것이 없음으로 돌아가는 현상에 있어서만 나타난다. 그러나 이 없음도 온갖 현상과 더불어 살려는 의지의 깊은 밑바닥에 들어앉아 있다. 물론 이것은 밝은 곳에 나타나지는 않는다.

세상이 돌아가는 모습을 크게 보면서 희극에라도 나올 법한 인간 생활의 세부적인 모습에 주목한다면, 우리는 벌레가 우글거리는 물방울이나 세균이 붙어 있는 티즈를 현미경으로 들여다봤을 때의 광경을 보게 될 것이다. 이들 미세한 벌레와 세균의 눈물겨운 활동 및 싸움은 우리로 하여금 웃음을 짓게 만든다. 왜냐하면 한편으로는 이렇게 좁은 공간에서, 다른 한편으로는 그토록 짧은 시간 속에서 과장되고 엄숙하게 움직이는 그들의 모습이 한 편의 희극처럼 보이기 때문이다.

시간의 관념성은 모든 형이상학의 열쇠

한번 존재했던 것은 이미 존재하지 않고, 한 번도 존재한 적이 없는 것은 현재에도 존재하지 않는다. 그러나 현재 있는 모든 것은 다음 순간에는 이미 존재했던 것이 된다. 그러므로 아무리 무의미한 존재라도 현실성이라는 측면에서 본다면 중요한 과거보다 더 나은 것이다. 이 관계는, 비록 얼마 안 되더라도 있는 쪽이 아무것도 없는 쪽보다 더 나은 것과 같다.

우리는 가끔 자신이 지금 이 세상에 존재하고 있다는 사실에 새삼 놀란다. 왜냐하면 몇억 년 동안 한 번도 존재하지 않았던 자신이라는 존재가 이 짧은 시간이 지나 또 다시 몇억 년이 지나면 존재하지 않은 것으로 되어버리기 때문이다. 우리의 마음은 그럴 리가 없다고 말한다. 이런 견지에서는 아무리 보잘것없는 존재라도 시간은 관념적이라는 예감을 가지게 된다. 시간의 관념성은 공간의 관념성과 함께 모든 형이상학의 열쇠다. 시간과 공간의 관념성을 알게 되면, 사연의 질서와는 전혀 다른 사물의 질서를 알게 되기 때문이다. 칸트가 위대한 것도 바로 이런 이유에서다.

우리의 삶에서 현재의 '있다'는 단지 한순간에 불과하며, 이순간이 지나버리면 영원히 '있었다'가 된다. 저녁이 찾아올 때마다 우리의 마음은 늘 빈곤해진다. 만일 우리의 깊은 내면에 "아니다! 우리에게는 절대로 마르지 않는 영원한 샘물이 주어져 있으며, 이것으로 늘 삶의 시간을 갱신할 수 있다."라는 남모를 의식이 존재하지 않는다면, 우리에게 주어진 짧은 시간이 순식간에 지나가 버리는 것을 눈으로 확인하는 순간 우리 모두는 미쳐버릴지도 모른다.

지금까지의 내용을 정리해보면 우리는 현재를 즐기는 것, 그리고 이것을 인생의 목적으로 설정하는 것이 최고의 지혜라는 결론을 얻게 된다. 현재만이 실재이며, 다른 모든 것은 사상의 유희에 지나지 않으니까 말이다. 하지만 이런 생각이야말로 가장 어리석은 것이다. 왜냐하면 이미 존재하지 않는 그러한 것, 마치 꿈처럼 흔적도 없이 사라져버리는 것은 절대로 노력할 값어치가 없기 때문이다.

인간의 삶은 생계라는 과업을 통해서 유지되다

정신적으로는 생산이 불가능한 데다 유난히 조잡스러운 것들이 숭상받는 현대는 제멋대로 조합되고 귀에 거슬리는 '지금 이 시대'라는 말로 불리고 있다. 마치 이 시대의 '현재'를 낳기 위해서 존재했던 것만 같다. 만일 우리의 생존이 이 세계의 궁극적인 목적이라면 이 목적을 우리 인간이 설정했든 신이 설정했든 간에 목적 중에서도 가장 바보스러운 것이라고 말해도 좋다.

인간의 삶은 우선 생계라는 과업을 유지하면서 이어진다. 하지만 이 과업을 통해 얻은 것은 일종의 무거운 짐이 되어 돌아온다. 따라서 손에 넣은 것을 처분하고 처리한다는 제2의 과업이 출현한다. 즉, 생활이 안정된 다음에는 잠복하고 있던 맹수처럼 곧 닥쳐오는 권태라는 것을 내쫓지 않으면 안 된다. 즉, 인생의 제1과업은 무엇인가를 손에 넣는 것, 제2과업은 손에 넣은 것을 곧 잊는 것이다. 그렇지 않으면 손에 들어온 것이 곧 무거운 짐이 되어버리기 때문이다.

인간 세계 전체를 돌아보면, 우리는 숨 돌릴 틈도 없는 생존 경쟁의 모습을 목격하게 된다. 시간을 가리지 않고 일어나는 위협적인 수많은 위험과 재난에 전심전력을 다해 대항하는 맹렬한 격투의 모습 말이다. 그 다음에는 모든 악전고

투에 따르는 보상, 즉 생존이나 생활에서 고통이 사라진 순간이 잠시 찾아온다. 하지만 이는 곧 권태의 습격을 받게 되고 우리는 순식간에 새로운 곤궁에 빠지게 된다. 고난 다음에 권태가 도사리고 있다는 사실은 인생이 단지 욕구와 영혼에 의해 움직이고 있다는 점을 잘 보여준다. 이 권태 다음에는 생존 자체에 대한 따분함과 공허가 그 모습을 드러낸다.

생존이 일종의 착오라는 사실은, 인간은 욕망의 덩어리지만 그 욕망을 충족시키는 것은 매우 어렵다는 점을 보면 명백해진다. 욕망의 충족에 주어지는 대가라고 해봐야 고작 고통이 사라진 상태에 불과하다. 그리고 고통이 사라졌다고 생각하는 순간 우리는 곧 권태의 포로가 되어버린다.

권태란 생존의 공허함을 느끼는 상태다. 우리는 본질과 생존이 그토록 갈망하는 생명이 실재적 가치와 내용을 지니고 있다면 권태가 생길 리 없으며, 단순한 생존만으로도 우리는 만족감을 느끼게 될 것이다. 그런데 우리는 무던히 노력하고 있거나, 순수하게 지적인 일을 하고 있을 때에만 생존의 기쁨을 느낀다. 노력하고 있을 때에는 현재의 위치와 목적과의 거리로 인해 기쁨을 느끼는 것이며, 이 기쁨은 목적을 이루는 순간 사라져버린다. 마찬가지로 순수하게 지적인 일을 하고 있을 때 우리는 인생에서 벗어나 있기 때문에 극장 좌석에 앉아 있는 관객처럼 인생을 한 발 물러나 바라보게 된다.

감각적인 향락의 본질도 끊임없이 추구하는 데 있으며, 목적에 도달하는 순간 향락도 사라지고 만다. 이때 우리는 생존의 허무와 공허를 확인하게 된다. 이것이 바로 권태다. 이런 점에서 권력자들의 액세서리나 파티에서 볼 수 있는 호화찬란함도 결국 인간 생존의 본질적인 비참함을 모면하려는 헛된 시도일 뿐이다. 화려한 파티 장소에서 완벽한 행복을 느끼는 사람은 단 한 명도 없을 것이다. 만일 있다면 그는 술에 취해 있을 것이다.

04

인간의 이기심처럼
무서운 것은 없다

사람들은 겸손이나 예의를 통해 자신의 이기심을 감추려 한다. 하지만 그것은 언젠가 가면의 껍질을 벗고 나와 작동을 한다. 우리는 누구를 만나면 그가 우선 나에게 어떤 이익을 줄 수 있을까를 저울질한다. 이 사람이 내게 도움이 될까? 아니면 이 사람을 좀 써먹어볼 기회가 있을까? 누구나 본능적으로 그런 생각을 한다. 아니면 거짓말이다.

이기심에는 나보다 우선순위는 없다

이기심에는 나보다 우선순위는 없다. 다른 사람의 입장은 그다음 문제다. 나만 그런가? 아니다. 모든 인간이 다 그렇다. 나는 이 세상에서 가장 중심축이며 다른 사람은 안중에도 없다. 나는 인간의 이기심을 강조하기 위해 이런 생각을 해본 적이 있었다.

대부분의 사람들은 남을 죽여 기름을 짜서 자기 구두를 닦으라고 해도 사양할 사람이 없을 것이다.

인간은 법과 질서가 없다면 모두 짐승으로 변한다

개개인의 이기주의를 합친 것이 곧 국가이다. 하지만 국가란 큰 권위가 있기 때문에 개인의 이기주의가 억제되고 숨겨지고 있을 뿐이다. 만일 법을 집행하는 국가 권력이 없다면 개인의 이기주의는 이곳에서 기승을 부릴 것이 뻔하다.

더구나 전쟁이나 내란으로 국가의 권위와 질서가 무너진 모습을 보면 설명치 않아도 된다.

모든 개인은 수천수만의 이기주의의 짐승이 되어 마구 거리로 뛰쳐나와 약탈과 살인과 파괴를 일삼는다. 그들은 이미 호랑이, 늑대, 여우일 뿐 인간은 아니다.

산다는 자체가 큰 모순이다

우리는 큰 고뇌와 불행을 접하면 생존 의지, 즉 산다는 그 자체가 얼마나 큰 모순인지를 깨닫게 된다.

"너무 힘들다. 이렇게 살아서 무얼 하지?"하고 온갖 노력이 너무나 허무하다는 것을 마침내 인식하게 된다.

우리는 고뇌를 극복하고 자기를 재인식한 다음 자기 자신을 포기한 채 남은 생애 동안 육체가 소멸되기를 기다리는 사람들의 의지가 무엇인지를 잘 알아야 한다.

우리는 생존의 의지에 얽매인 채 허망한 욕망을 꿈으로 여기고 살고 있다. 하지만 생존의 의지의 속박에서 벗어난 자들은 얼굴에도 그 마음이 드러나 있다.

자살하려는 이유

자살은 생명 자체의 부정이 아니라 삶의 조건에 절망하고 있기 때문에 일어나는 것이다. 살려는 의지 자체를 단절하고 싶은 것은 아니라는 말이다.

그가 삶을 포기하려는 것은 더 이상 자기 뜻대로 살 수 없기 때문이다. 그가 벗어나려고 하는 것은 삶이 아니라 고뇌 그 자체이다.

우리들의 의지가 자발적으로 생존을 포기하는 조건

우리들의 의지가 생존을 포기하려면, 이미 그전에 우리는 커다란 고뇌에 의해 좌절을 겪어야 한다. 그러고는 그 좌절에서 벗어나기 위해 끝까지 몸부림치며 버티다가 마지막으로 절벽에 섰을 때 돌연히 제정신으로 돌아갈 수 있다. 그때야 비로소 세상을 새로운 눈으로 보게 될 것이다.

PART 4

세상의 유혹을 이길
지혜에 대하여

01

한쪽에는 희망을
다른 한쪽에는
경계를

모든 계획은 실천을 하기 전에 충분히 생각한 다음 처리하라. 우리의 지혜는 언제나 부족하며 완전하지 못하기 때문이다. 신중하게 생각을 하더라도 삶 속에는 우리가 탐비할 수 없고 예측할 수 없는 일들이 숨어 있다.

저울의 한쪽 끝에는 희망을, 다른 한쪽 끝에는 경계심을 매달아 놓아야 한다.

어떤 일을 처리하고 나서 그 결과를 기다리고 있다면, 과거를 돌아보거나 미래의 일을 예측하면서 걱정하지 마라.

두려운 생각을 버리고 편안한 마음을 유지하라. 최선을 다하고도 실패했다면 스스로를 위로할 수 있는 담대함이 필요하다.

건물을 세우는 일에 고용된 인부들은 건물이 어떤 의도로 어떻게 설계 되는지에 대해서 전혀 알지 못한다. 그리고 그 건물의 설계에 대해서 알고 싶어 하지도 않는다.

소중한 인생의 하루나 한 시간을 그대로 흘려보내는 것, 그것은 인생 전체의 설계를 생각하지 않는 어리석은 행동이다.

자신의 인생에 가치와 의미를 부여하고 싶은 사람이라면 가끔씩 인생의 설계도를 그려보는 것이 좋다. 그것은 용기와 희망을 불어넣는 일이다.

그러나 인생의 설계도를 작성하기 위해서는 나 자신의 대한 사전 지식이 필요하다. 내가 진정으로 원하는 것이 무엇이고 나에게 행복을 안겨 주는 근본적인 조건이 무엇인가를 알아야 한다. 동시에 삶에 대한 분명한 의지가 필요하다.

불행하게도 우리의 인생은 환불되지 않는다. 현명한 사람이 원하는 것은 쾌락이 아니라 고통이 없는 상태이다.

모든 쾌락과 행복이 소극적인 것이라면 고통은 적극적이다. 우리는 쾌락을 즐기지 않으면서 살아갈 수는 있지만 끊임없이 고통을 겪으면서 살아갈 수는 없다.

우리 몸 어느 한 곳에 상처가 나면 우리는 다른 신체 부분은 건강하다는 사실을 잊어버린다. 그 상처의 고통이 언제나 마음을 괴롭히기 때문에 삶에 대한 다른 행복이나 즐거움을 전혀 느끼지 못한다.

삶을 좀먹는 것은 비천한 욕망이다

지금 추진하는 중요한 일이 잘 진행되고 있더라도 다른 사소한 일이 뜻대로 되지 않으면 우리는 갈등과 고통을 느낀다.

삶에 있어서 그 일은 아주 작은 부분을 차지하는 것임에도 불구하고 원만하게 이루어지고 있는 큰 부분을 염두에 두지 않고 시름에 잠기는 것이다.

삶을 좀먹는 것은 행복에 대한 비천한 욕망이다. 이러한 욕망의 사슬을 단호하게 끊어 버릴 수 있는 사람, 필요 이상의 행복을 탐내지 않는 사람만이 인생의 난국을 헤치고 진정한 승리자가 될 수 있다.

그러므로 이 세상을 살아가는 가장 현명한 태도는 쾌락, 돈, 영화, 명예, 지위 등에 대한 욕망을 최소한으로 줄이는 일이다.

큰 불행은 행복과 쾌락을 얻기 위한 지나친 노력에서 비롯된다.

인생에 대해 지나친 기대를 하지 마라

약간의 기대는 도움이 되지만 지나친 기대는 오히려 독이 된다. 기대감이 작다면 어떤 불행이 찾아와도 흥분하지 않을 것이며 어떤 것을 잃어 버려도 한탄하지 않을 것이다. 그러나 삶에 대한 기대를 포기한다는 것은 결코 쉬운 일이 아니다. 대부분의 사람들은 허위의 모습을 세상의 참모습으로 착각하고 모든 것을 맡긴다. 하지만 그것은 진실이 아니다.

그대의 모습을 돌아보아라. 하지만 그것은 진실이 아니다.

그대의 모습을 돌아보아라. 인생의 밑바닥에 가득 찬 고통과 갈등이 다가오는 모습을.

행복을 얻기 위한 조건으로 지혜 다음으로 중요한 용기

물론 용기나 지혜가 저절로 커지는 것은 아니다. 지혜는 어머니로부터, 용기는 아버지로부터 배운다. 그리고 타고난 지혜와 용기는 노력과 훈련에 의해 증진시킬 수 있다.

우리는 운명의 지배를 받으면서 살아가고 있다 그렇기 때문에 운명과 싸워 나갈 갑옷과 강철 같은 마음이 필요하다. 인생이라는 싸움터에서 한 걸음이라도 앞으로 나아가려면 서서히 다가오는 고통의 괴물을 창으로 찔러야 한다. 손에 칼을 든 채 죽어야 한다.

그러나 그것 때문에 삶을 비관하거나 낙담하는 사람이 있다면 그는 비겁한 사람이다. 우리에게는 그 운명과 싸울 수 있는 용기와 지혜가 있기 때문이다.

질투는 어느 시대, 어느 누구에게나 존재하는 감정이다. 질투의 감정을 피할 수 있는 사람은 아무도 없다. 질투는 우리 모두에게 지극히 자연스러운 감정이지만, 그것은 불행의 씨앗이 될 수도 있다.

그러므로 질투를 행복의 적으로 인식하면서 그 감정을 지우기 위해 노력해야 한다.

자신을 다른 사람과 비교하지 말라

만족하면서 인생을 즐기려면 무엇보다도 먼저 나 자신을 다른 사람과 비교하지 말아야 한다. 다른 사람과의 비교는 질투를 유발시키는 촉매제 역할을 한다.

나보다 못한 조건의 사람을 생각하라. 그것이 바로 삶을 밝히는 지혜의 등불이다.

진정한 자유는 스스로의 욕망을 통제하는 과정에서 비롯된다.

지혜로운 사람은 고독한 장소에 있을 때에도 사색을 통해 진정한 즐거움을 맛본다. 어리석은 사람은 고독을 견디지 못해 연회를 베풀거나 연극을 관람하고 여행을 즐기면서도 그림자처럼 따라다니는 권태에서 벗어나지 못한다.

선량하고 지혜로운 사람은 불행한 상황에서도 만족을 느낀다. 욕심이 많고 어리석은 사람은 수많은 재물을 소유하더라도 만족을 누리지 못한다.

02

번민과 고뇌에
대한 예방을 하라

어떻게 살 것인가?

여기에 대한 문제는 한순간에 해결되는 것이 아니다. 그것은 수많은 계획과 행동, 선택 그리고 반성을 엮어 가면서 조금씩 이루어진다.

지혜란 구해야 할 것과 피해야 할 것에 대한 지식이다.

행복과 쾌락의 추구는 단념하고 번민과 고뇌에 대한 예방에 힘을 기울여라.

삶을 보다 아름답게 만들고자 한다면 행복과 쾌락에 대한 욕구를 줄여야만 한다.

큰 불행을 회피하는 가장 확실한 방법은 너무 큰 행복을 추구하지 않는 것이다.

우리가 살아가면서 저지르기 쉬운 잘못 중의 하나는 자기의 인생에 대해 너무나 엄청난 설계를 한다는 사실이다. 우리가 이루고자 하는 소원은 몇 가지 특별한 경우를 제외하고는 뜻하는 대로 실현되지 않는다. 오랫동안 살아가면서 그 소원을 이루기 위해 노력한다고 해도 이루어질 수 없는 것은 이루어지지 않는다.

계획했던 일은 대개 우리가 예상했던 시간보다 많은 시간을 필요로 하는 경우가 많기 때문이다.

어렵고 힘들었던 과거의 시간을 통해 우리가 처해 있는 현실에 대한 시각을 넓힐 수 있다.

설계했던 인생의 모든 계획을 이루게 되었다고 해서 기뻐하지 마라. 설계도에 따라 일을 진행하는 중이라도 스스로에게 커다란 변화가 일어날 수 있다. 가치관이나 느낌, 정서가 달라지면 인생의 계획은 자연히 달라진다. 그렇게 되면 과거의 목적은 현재의 나에게 아무런 소용도 없는 일이 되어버린다. 또한 인생의 계획이 변경되지 않았다고 해도 그 목적을 성취하기 위해 많은 세월을 보내는 도중에 그 일을 완성할 만한 의지와 힘을 잃어버릴 수도 있다.

위험과 고난의 세월을 견디면서 재산을 모았지만 막상 돈을 쓰려고 하자 체력과 의지가 전부 소모되어서 아무것도 못하는 경우가 있다. 우리가 간절하게 원하던 지위를 얻었지만 자신의 두뇌나 기력이 그것을 감당할 수 없게 되어 버리는 경우도 있다.

높은 산에 올라 지금까지 온 길을 바라보라

높은 산으로 올라간 후에야 지금까지 더듬어온 길을 한 눈에 바라볼 수 있다.

삶의 끝에 서 있을 때, 우리는 지금까지 살아온 인생에 대한 정확한 평가를 내릴 수 있다.

어떤 일에 열중하고 있을 때에는 자신의 능력이 미치는 범위 내에서 할 수 있다고 생각되는 것만을 시도하게 마련이다. 그리고 그 일의 결과가 드러났을 때에야 비로소 지금까지 일어난 문제들을 이해할 수 있게 된다.

인생을 올바르게 살아가는 비결은 현재와 미래에 대한 주의를 게을리하지 않는 것이다.

천박하고 분별력이 없는 사람은 눈앞의 일에 얽매인다. 소심하고 걱정이 많은 사람은 미래에 대한 걱정 속에서 살아간다.

행복은 미래에 있다고 생각하면서 현재를 돌아보지도 즐기지도 않는다. 그러나 현재를 소홀하게 생각하는 사람은 자신의 인생에 대한 근본적인 태도를 그르치고 있는 것이다.

그들은 죽음과 대면하는 순간에도 미래에 대해 낭만적인 기대를 하다가 허망하게 일생을 마감한다.

우리는 영원히 존재할 것이다

우리는 과거에 존재했고 현재에 존재하고 있으며 미래에도 존재할 것이다.

과거의 일에 집착하는 것, 현재를 소홀하게 보내는 것, 미래만을 기다리는 것 그 모두가 삶을 비참하게 만드는 그릇된 태도라는 사실을 기억하라.

미래는 우리가 미처 예상하지 못했던 결과를 가져오기도 한다. 그렇다면 과거는 우리가 생각하는 그대로의 모습이었을까?

미래나 과거의 순간은 현재의 시간에 비하면 너무나 보잘 것 없다.

오직 현재만이 소중한 가치를 가진다. 일정한 간격을 두고 바라보는 사물은 실물보다 훨씬 크게 보인다. 그러나 그 사물은 그것이 가진 크기대로 존재할 뿐이다.

미래에 대한 두려움을 버려라

미래에 대한 막연한 두려움으로 인해 현재의 상황을 흐리게 만들지 마라.

만약 불행이 일어날 가능성이 있더라도 불행은 일어나지 않을 거라고 생각하라. 확실하게 예상되는 불행이라면 가까운 시일 내에 다가오지 않을 거라고 생각하라. 그리고 서서히 그 불행에 대한 대책을 마련하라. 충분한 대책이 있다면 그것은 이미 불행이 아니다. 우리에게는 어떤 불행도 극복할 수 있는 힘이 있다.

과거의 아픈 기억들은 우리의 삶 속에 아픈 상처로 남아 있다. 그러나 우리는 얼마든지 그 상처로부터 자유로울 수 있다. 미래에 대한 두려움을 버리고 마음에 여유와 안정을 되찾게 되면 이번에는 소망과 욕구와 의욕이 우리의 안정을 교란시킨다.

그러나 진정한 안정이란 아무것도 바라지 않을 때 가능하다. 우리는 현실 속에서 모든 헛된 망상을 버릴 수 있어야 한다. 모든 욕망에서 벗어나면 인생의 참된 의미를 깨달을 수 있다. 정신적인 안정을 느낄 때 우리는 완전한 행복을 만날 수 있다. 정신적인 안정을 누릴 수 있게 된다면 우리는 현재의 삶을 충분히 즐길 수 있을 것이다.

오늘 하루는 제외할 수 없는 인생이다

괴롭고 병들었던 과거를 회상하는 것은 현재의 평안을 오래 유지시킬 수 있는 좋은 방법이다. 그러나 우리는 마음이 편하고 건강할 때에는 아무런 생각 없이 귀중한 시간을 그대로 흘려보내다가 걱정과 근심이 생겼을 때에야 비로소 지난 날을 되새긴다.

현재의 행복한 시간을 무관심하게 보내지 마라. 현재의 시간은 언제나 과거라는 전당 속으로 사라지고 있다. 우리가 현재의 시간에 몰두할 수 있을 때 과거는 기억 속에 불멸의 빛을 뿌리게 되는 것이다. 만약 미래를 풍요롭게 만들고 싶다면 과거의 기억이 가르쳐 주었던 그 무엇을 깨닫기 위해 노력하라.

지금 지나가고 있는 오늘 하루는 제외할 수 없는 인생 그 자체이다.

고통과 권태는 행복을 가로막는 두 가지 적이다

우리가 고통으로부터 어느 정도 멀어졌다고 생각하면 어느 사이에 권태가 나타나서 우리를 유혹한다. 권태에 싫증을 느끼게 되면 고통의 그림자가 다가오고 있다. 우리의 삶은 고통과 권태 사이를 진동하고 있다고 해도 과언이 아니다.

이것은 외면적인 세계와 내면적인 세계가 서로 대립 관계에 있기 때문이다. 외면적인 세계에서는 궁핍과 부족함이 고통을 주는 반면 내면적인 세계에서는 안정과 풍요가 권태를 안겨준다. 가난한 사람들이 고통과 싸우고 있을 때, 부자들은 권태와 씨름한다.

03

기회가 찾아오면
용감하게 첫발을
내딛어라

삶은 우리가 원하는 것을 성취할 수 있는 기회를 연속적으로 제공한다. 단지 그 첫걸음이 어려울 뿐이다.

흐르는 시간 속에서 우리는 자신의 인생을 돌아보게 된다. 인생이 펼쳐지는 시간마다 우리는 새로운 길의 가능성을 느낀다. 그리고 우리를 발전시킬 수 있는 기회를 얻게 된다. 그러므로 기회가 찾아오면 두려움에 떨지 말고 용감하게 첫발을 내딛어라.

어리석은 사람은 재물을 탐내지만 지혜로운 사람은 재물을 정신을 어지럽히는 번거로운 짐으로 생각한다. 재물이나 사

교를 통해 만족을 얻으려고 한다면 그대는 평생토록 진정한
자유를 느끼지 못할 것이다.

자유는 물실적인 것에서 오는 것이 아니다.

자유는 정신의 산물이며 아무것도 소유하지 않을 때 비로
소 찾아온다.

물질적인 욕심을 절제하고 정신적인 수양을 통해 소유에
대한 집착에서 벗어나면 자유를 느끼게 될 것이다.

우리의 인생에 동기와 목적이 없다면 어떻게 될까?

우리는 각자 무엇인가를 원하면서 살아가고 있다. 그것을
성취할 수 있다는 미세한 희망을 움켜쥐고 미래를 향해 전진
하는 것이다.

만약 우리의 삶에 목적과 동기가 없었다면 인생은 권태로
가득 할 것이다.

인생의 행복과 불행도 삶의 목적과 동기에 따라 많이 달라
진다.

어떤 사람은 사업을 벌이거나 운동에 많은 시간을 보내고
있다.

어떤 사람은 음모를 꾸미거나 사냥을 한다. 이런 행동은 권
태와 정지된 상태에서 벗어나려는 절박한 몸부림이다.

절망의 노예가 되기를 포기했을 때, 인간은 비로소 진정한 기쁨을 맛볼 수 있다

인생은 육안으로 볼 수 없는 미세한 것이다. 더 이상 쪼갤 수 없을 정도로 작은 것이 우리의 삶이다.

그럼에도 불구하고 인간은 공간과 시간이라는 잣대를 이용하여 우리의 삶을 세밀하게 분리한다.

베푸는 사랑은 그 마음이 진정한 것일 때, 받는 사람뿐만 아니라 주는 사람에게도 많은 것을 선물한다.

사랑하는 사람들은 이미 자연의 이름으로 결합되어 있으며, 법률과 관습의 테두리 밖에 있다.

정신을 집중하고 맡겨진 일에 몰두하라

삶의 단순함과 그로 인한 따분함을 생각하면 인생이 참을 수 없을 정도로 지루한 것처럼 여겨질 것이다.

인식과 통찰이 모든 면에 있어서 진보를 가져오지 못하고 사물과의 관계에 대한 이해 역시 분명해지지 않는다면 인생은 얼마나 지루할 것인가?

그러나 인생은 지루하지 않다. 시간이 흐르면서 여러 가지 체험을 하고 보다 성숙한 자아를 갖게 된다고 하더라도 우리는 항상 사물들의 새로운 면을 보게 된다. 그것은 사물을 인식하는 우리의 사고가 계속 변하기 때문이다.

정신을 집중하고 일에 몰두하면 여러 가지 좋은 일이 생긴다. 어제의 시간은 분명히 오늘과 다르다. 우리는 얼마나 많은 변화 속에서 살아가고 있는가. 하루하루는 언제나 새롭게 우리를 가르친다.

비극이 주는 것과 희극이 주는 것

비극은 인간을 체념으로 인도하면서 생존의 의지를 포기하도록 만든다. 그러나 희극은 생존에 대한 욕구를 자극한다. 희극도 삶의 고뇌와 염세적인 장면을 그려내고 있지만 그것은 결국 행복에 이르기 위한 과정일 뿐이다.

인생은 고달픈 것이지만 언제인가는 웃음을 꽃피울 수 있다는 사실을 알리고 관객들에게 희망을 품게 하는 것, 그것이 바로 희극이 우리에게 주는 선물이다.

우리가 겪는 고통을 가중시키는 것은 시간이다. 그것은 우리를 끝없이 몰아내며 채찍질한다. 그러나 시간의 채찍질을 누군가가 멈추게 해준다면 이번에는 권태라는 적이 나타날 것이다.

인간은 목장에서 한가롭게 풀을 뜯고 있는 양과 같다. 우리는 아무것도 모르는 순한 양이기 때문에 어느 양을 잡아먹을 것인가 고민하고 있는 도살자가 바로 우리 주위에 있다는 사실을 깨닫지 못한다.

비록 지금은 행복하다고 해도 우리는 언제 우리에게 다가올지도 모르는 재난과 질병, 박해, 빈곤, 죽음 등을 인식하고 있어야 한다.

인생은 싸움터이다

인류의 역사는 전쟁과 반란의 연속이었다. 평화로운 세월은 짧은 휴식처럼 순간적이었다. 개인의 생활도 끊임없는 갈등과 다툼의 연속이다. 그 다툼은 권태와의 싸움일 뿐만 아니라 타인과의 싸움도 의미한다.

우리는 도처에서 적을 발견하고 처참하게 싸우다가 무기를 손에 쥐고 죽어간다. 인생을 싸움터라고 생각해야 하는 것은 슬픈 일이다. 그러나 그것이 인생의 진실이며 여기에 인생의 비극이 있다.

우리는 태어나면서부터 자기 자신과 싸운다. 나이를 먹어서는 다른 사람들과 화합하기 위해 그들과 경계선을 긋는 갈등을 한다.

용기를 내어야 하는 순간에도 신중하게 행동해야 한다. 살아가는 일에 있어서 어느 정도의 두려움은 반드시 필요하다.

비겁은 지나친 두려움을 의미한다. 그러나 신중하게 행동하기 위해 두려움을 느낀다면 그것은 비겁이 아니라 진정한 용기라고 할 수 있다.

자연이 우리에게 두려운 마음을 주는 이유

자연이 우리에게 두려운 마음을 부여한 것은 우리가 보다 안전하게 삶을 유지하면서 삶이 주는 여러 가지 위험을 피할 수 있도록 하기 위한 것이다.

우리에게 필요한 것은 용기와 두려움 사이에 적절한 균형을 유지하는 일이다.

지혜의 나라에는 거울이 없다

청년기에 고독 때문에 적막이나 외로움을 느끼는 일이 있더라도 노년기에는 그런 모든 경험이 삶의 중요한 재산으로 남게 된다. 노년기에는 재물이나 명예 같은 것들은 아무런 소용도 없다는 사실을 깨닫게 된다. 아무리 어리석은 사람이라고 해도 노년기에는 삶이 주는 이러한 진실을 깨닫게 된다. 늙고 병든 몸에 재산과 명예는 아무런 도움도 줄 수 없기 때문이다.

인생의 마지막 순간까지 남는 유일한 재산은 바로 지혜이다. 그 지혜의 소중함을 얼마나 빨리 깨닫는가에 따라 사람들은 다양한 형태로 인생을 마감하는 것이다.

하루하루는 인생을 풍요롭게 만드는 자양분이다

하루하루는 인생을 풍요롭게 만드는 자양분의 역할을 하고 있다. 우리에게 주어진 시간은 그 무엇으로도 보충할 수 없는 것이라는 사실을 명심하라. 인생은 미래를 위한 준비라고 할 수 있다.

아침은 정신적이건 육체적이건 무엇인가를 하기에 참으로 적합한 시간이다. 하루를 인생에 비유한다면 아침은 젊음이다. 모든 것이 활기차고 상쾌하며, 무엇을 해도 마음대로 잘 풀린다. 의욕이 넘쳐 능력을 최대한 발휘할 수 있는 시간대가 바로 아침이다. 이 귀중한 시간을 늦잠으로 낭비하거나, 하찮은 일, 또는 잡담으로 허비해서는 안 된다. 인생의 핵심이자 신성한 존재인 아침을 소중히 대하라.

주위의 사물을 분명하게 바라볼 수 없는 저녁에는 중대한 사건을 처리하거나 어려운 결정을 내리지 마라. 아침이 되면 우리의 정신은 보다 왕성하게 활동하기 시작한다. 모든 사물들이 선명하게 인식되면서 그 기능을 충분히 발휘하는 것이다.

그러므로 그 귀중한 시간을 늦잠으로 단축시키거나 헛된 일에 허비하지 말아야 한다. 아침 시간을 삶의 가장 중요한 부분으로 받아들여라.

우리의 인생도 피곤한 저녁 시간이 아니라 선명한 아침 시간처럼 살아갈 수 있어야 한다.

아침에 눈을 뜨면 공기 중에 녹아 있는 신선함과 생명의 풋풋함을 호흡하라. 그것은 저녁의 어스름한 공기 속에 떠 있는 피곤함이나 몽롱함과는 완전히 다르다.

아침 공기는 불쾌하거나 우울하던 그 전날의 기분을 완전히 소멸시키고 새로운 희망의 소리를 들려준다.

하루를 마감할 때가 되면 피로한 몸과 마음 때문에 이해력과 판단력이 흐려진다. 따라서 현실을 올바르게 판단할 수 있는 이성도 마비된다. 불안은 어둠과 쉽게 결합한다. 우리가 느끼는 불안은 어둠 속에서 더욱 커진다.

피로로 인해 판단력이 약해지면 상상력은 더욱 날카롭게 변한다. 날카로운 상상력은 우리의 심장을 위협할 만큼 위험하다. 그렇게 되면 모든 사물이 음울한 모습과 불길한 형태를 취하면서 우리를 괴롭힌다. 잠을 이루지 못하거나 한밤중에 눈을 떴을 때, 우리는 무서운 모습을 하고 나타나는 환영을 보기도 한다. 환영은 공포로 우리를 위협한다. 그러나 아침이 밝아 오면 마치 꿈에서 깨어나듯이 상상의 악몽은 어디론가 사라진다.

작은 일에 얽매여서 미래의 중요한 일을 그르치지 마라

눈앞에 있는 작은 일에 얽매여서 미래의 중요한 일을 그르치지 않도록 주의하라. 아주 작은 물체라도 눈앞에 있게 되면 그것은 우리의 시선을 가로막아서 외부 세계의 다른 것들을 차단해 버린다.

우리와 가까운 곳에 있는 것들은 때때로 실은 아주 보잘것없는 것임에도 불구하고 우리는 그 일에 시간을 빼앗겨서 다른 중요한 일을 처리하지 못하게 된다.

우리에게는 어떤 불행도 극복할 힘이 있다

미래에 대한 막연한 두려움으로 인해 현재의 상황을 흐리게 만들지 마라.

만약 불행이 일어날 가능성이 있더라도 불행은 일어나지 않을 거라고 생각하라. 확실하게 예상되는 불행이라면 가까운 시일 내에 다가오지 않을 거라고 생각하라. 그리고 서서히 그 불행에 대한 대책을 마련하라. 충분한 대책이 있다면 그것은 이미 불행이 아니다. 우리에게는 어떤 불행도 극복할 수 있는 힘이 있다.

과거의 아픈 기억들은 우리의 삶 속에 아픈 상처로 남아 있다. 그러나 우리는 얼마든지 그 상처로부터 자유로울 수 있다. 미래에 대한 두려움을 버리고 마음에 여유와 안정을 되찾게 되면 이번에는 소망과 욕구와 의욕이 우리의 안정을 교란시킨다.

그러나 진정한 안정이란 아무것도 바라지 않을 때 가능하다. 우리는 현실 속에서 모든 헛된 망상을 버릴 수 있어야 한다. 모든 욕망에서 벗어나면 인생의 참된 의미를 깨달을 수 있다.

정신적인 안정을 느낄 때 우리는 완전한 행복을 만날 수 있다. 정신적인 안정을 누릴 수 있게 된다면 우리는 현재의 삶을 충분히 즐길 수 있을 것이다.

04

인간은
신으로부터
침묵을 배웠다

삶의 방식은 다양하다. 이 세상에 존재하는 사람들의 수만큼이나 많은 삶의 방식들이 존재한다.

따라서 내가 받아들이는 삶의 방식은 단지 나에게만 중요할 뿐이다.

침묵을 지키는 방법

침묵을 지키는 방법을 알고 있다는 것은 커다란 행운이다.

인간은 인간으로부터 말하는 방법을 배우고 신으로부터 침묵을 배웠다.

다양한 인생의 가치를 이해하기 위해서는 진지한 성찰과 많은 노력이 필요하다.

사람늘과의 관계를 통해 우리는 중요한 인생의 교훈을 배운다. 그러나 우리는 그 교훈들을 그 당시에는 거의 이해하지 못하는 경우가 많다.

사회의 노예가 되지 말라

사회가 보여주는 환상에 속아서 단지 사회에 이로운 일을 자신의 행복으로 오인하는 사람이 있다. 그는 사회의 노예가 되어버린다. 그는 사회가 품고 있는 의도를 똑바로 인식하지 못하고 그것이 자신을 위해 존재하는 것이라는 착각을 일으킨다.

생존에 대한 의지는 사회가 요구하는 본능 중의 하나이다. 종족의 번식을 통해 이 사회가 유지될 수 있기 때문이다. 하지만 개인은 자신의 행동을 사회적인 의도가 아니라 사랑 때문이라고 믿는다.

진정한 행복에 대해 자원과 인력이 풍부해서 수입이 필요하지 않은 나라가 안정적이고 부유한 것처럼 내면세계가 부유해서 외부적인 자극을 필요로 하지 않는 사람은 행복하다.

대부분의 수입품은 값이 비싸고 물건의 품질을 확신할 수 없기 때문에 항상 불안하다. 우리는 다른 사람으로부터 많은 것을 기대해서는 안 된다. 외부의 도움을 받게 되면 자신이 가지고 있는 내부의 것을 포기할 수밖에 없다.

무관심을 몸에 지녀라

다른 사람이 말하는 것을 그대로 받아들이지 말고 오히려 도덕적으로나 지적으로 다른 사람이 말하는 것에 별로 기대를 갖지 말도록 하여 다른 사람의 의견에 대해서는 언제나 떳떳한 관용을 가장 확실히 발휘할 수 있는 무관심을 몸에 지니도록 하는 것이 좋다.

그렇게 되면 몸은 다른 사람들 속에 있으면서도 완전히 사교 모임에 잠겨버리는 일도 없고 오히려 다른 사람을 아주 객관적인 시선으로 바라볼 수 있을 것이다. 이렇게 되면 사교계와 긴밀한 접촉을 하지 않아도 좋고, 또 그 덕분에 조금이라도 더럽혀진다든가, 혹은 사교성에서 몸을 지키기 위해 보루를 쌓는다든가 하는 것을 극적으로 묘사한 것 중에서 읽을 만한 것은 모라틴(스페인 극작가)의 <신작 희극>으로, 특히 제1막 제2, 3장의 페드로 성격이다. 이런 점에서 사교계를 불에 비유할 수도 있다. 영리한 자는 적당한 거리를 두고 불을 쪼이지 바보처럼 불 속에 손을 집어넣지는 않는다. 멍청한 인간은 손을 집어넣어 화상을 입은 후에야 비로소 추운 고독으로 달아나 불이 타고 있어 곤란하다고 탄식하는 것이다.

질투는 자연스런 인간의 속성이다

질투는 죄악인 동시에 불행이기도 하다. 질투는 그 사람이 자신을 얼마나 불행하게 여기고 있는지를 표시하는 것이다. 다른 사람의 언동을 늘 주의하고 있다는 것은 그 사람이 얼마나 권태로운가를 나타내는 것이다. 그러므로 질투를 우리들의 행복의 적이나 악마로 보고 이것을 없애도록 노력해야 할 것이다. 세네카는 "우리들은 우리들의 것을 다른 것과 비교하지 말고 기뻐하자. 자기 이상의 행복을 보고 괴로워하는 자는 결코 행복해지지 않는다", 그리고 "참으로 많은 자가 너보다도 앞서 있는 것을 본다면, 참으로 많은 자가 너보다도 뒤져 있음을 생각하라."는 말로 질투를 없애는 데 조언을 했다. 그러므로 우리들보다 좋게 보이는 사람보다도 나쁘게 보이는 사람을 많이 보도록 해야 한다. 그 뿐 아니라 현실적인 불행이 생겼을 때 가장 좋은 위안이 되는 것은, 물론 이 위안은 질투와 같은 곳에서 흘러나오는 것이기는 하지만, 우리들의 고뇌보다도 더 커다란 고뇌를 바라보는 것이다.

다음은 우리들처럼 궁지에 몰린 사람, 즉 같은 불행을 만난 사람과 사귀는 것이다.

　질투의 능동적인 면은 이 정도만 하자. 질투의 수동적인 면은 어떠한 미움보다도 질투는 융화시키기가 어렵다는 것이다. 그러므로 종종 질투를 유발시키는 일은 삼가야 할 것이다. 남에게서 질투를 받는다는 향락은 다른 많은 향락처럼 위험한 결과를 동반한다는 것을 고려하여 거절하는 것이 좋다.

　이 세상에는 세 종류의 귀족이 있다. 첫째 출생 계급상의 귀족, 둘째 금력의 귀족, 셋째 정신적 귀족 등이다. 정신적 귀족이 본래의 귀족으로 지속적인 노력만 하면 최고의 귀족으로 인정받게 된다. 일찍이 프리드리히 대왕(프로이센의 왕)은 "탁월한 정신은 군주와 동렬이다."라고 말했다. 이것은 대신과 장군들이 중신의 식탁에 앉아 식사할 때, 군주와 왕자들만 앉는 자리에 볼테르를 앉도록 권한 것을 언짢게 여긴 궁내 대신에게 대왕이 한 말이다. 이 세 종류의 귀족은 모두 다 이것을 질투하는 사람들의 무리에 둘러싸여 있다. 그들은 이 귀족에 속하는 사람들 누구에게나 은근히 미움을 품고 있다가 일단 대단찮은 상대로 생각되면 "너 또한 우리들보다 조금도 나은 인간이 아니다."라는 것을 상대방에게 알리려고 온갖 수단을 동원한다. 그러나 이러한 술책은 오히려 그들이 상대의 우월을 확신하고 있다는 것을 스스로 나타내는 것이다. 이것에 대해 질투를 받고 있는 사람이 취해야 할 대책은 이 무리에 속하는 사람을 한 사람도 가까이 하지 않도록 하고 그들과의 접촉은 되도록 피하여 폭넓은 도량으로 그들과의 사이에 간격을 만들어 두는 것이다. 이것이 어렵다면 그들의 술책에 대해 아주 태연한 인내의 태도를 취하면 된다. 술책을 부리면 부릴수록 상대방의 우월을 확정하는 결과가 되어 효과를 얻지 못하기 때문이다. 사실 이런 술책에 대한 위와 같은 대책은 일반적으로 쓰이고 있다. 이에 반해 세 종류 중 어느 하나에 속하는 자는 다른 두 종류에 속하는 사람과는 대개 서로 질투하는 일이 없이 잘 협조해 나가는 것이다. 이것은 각자가 자기의 우월을 상대의 우월에 대항시키기 때문이다.

계획은 실행에 옮기기 전에 충분히 생각하라

계획은 실행에 옮기기 전에 충분히 생각하는 것이 좋다. 인간의 의식이라는 것은 불충분하기에 모든 것을 철저히 다 생각한 후라도, 규명 혹은 예견할 수 없는 처지뿐만 아니라 전체의 계산을 그르치게 하는 상태가 남아 있을지도 모르기 때

문이다. 이렇게 생각하게 되면 대개는 소극적인 것에 중점을
두게 되어, 필요하지 않은 한 중요한 문제에는 전혀 손을 대
지 않는 것이 좋다고 생각하게 된다. 소위 "평지풍파를 바라
지 않는다."는 것이다. 그러나 한 번 결심이 서서 일을 시작
한 이상 모든 일이 성취되는 결과를 기다릴 수밖에 없으므로
이미 실천에 옮긴 일을 자꾸만 다시 생각한다든가, 혹여 일
어날는지도 모를 위험을 염려하여 근심하지 않는 것이 좋다.
일이 어느 정도 진행된 상태라면 "모든 점을 사전에 충분히
다 생각했다."는 확신을 갖고 머릿속 생각을 그대로 실천해
나가는 편이 좋다. "안장을 단단히 매고 달려라."라는 이탈
리아 속담에도 이러한 충고가 내포되어 있다. 괴테는 이 속
담을 번역하여 "안장을 잘 매고 말을 부려라."라고 말했다.
−괴테의 <속담 형식>이라는 제목이 붙은 대부분의 잠언은
거의 모두 이탈리아 속담을 나열한 것이다. 이렇게 하는데
도 불가피한 결과가 생긴다면, 그것은 사람의 일이 모두 우
연과 오류에 지배되어 있기 때문이다.

　세계에서 현명한 사람으로 꼽히는 소크라테스는 일신상의
일을 올바르게 처리하기 위해서, 아니 적어도 실수를 줄이기
위해서라도 다이모니온(불가사의, 신령한 것)의 경고를 필요
로 하였다. 이 사실은 어떠한 사람의 지성이라도 이런 목적

을 충분히 다할 수 없다는 것을 증명하는 것이다. 그러므로 역대 법왕 중에 누군가가 "우리들이 부딪치는 모든 불행은 적어도 어떤 점에서는 우리들 자신의 책임이다."라고 한 말은 모든 경우에 그것이 진리임이 사실이지만……. 그 뿐 아니라 세상 사람들이 자기의 불행은 되도록 감추고 행복한 표정을 짓는 것도 앞에서 말한 책임의식이 크게 작용하고 있기 때문이다. 즉 괴로운 표정을 하고 있으면 세상 사람들이 자기에게서 그 책임을 끌어내지 않을까 염려하기 때문이다.

가끔은 숙명론을 생각해 보라

이미 불행한 사건이 일어나서 도무지 어떻게 할 수가 없는 경우, 이렇게 했더라면 괜찮았을 것이라든지, 더구나 이렇게 했더라면 사전에 방지할 수 있었을 텐데 라는 생각은 하지 않는 것이 좋다. 그런 것을 생각하면 오히려 괴로움만 더해져 견딜 수가 없게 될는지도 모른다. 그보다는 차라리 다비드 왕의 방법을 배우는 것이 좋다. 다비드 왕은 아들이 병약해 누워 있는 동안에는 쉬지 않고 하느님에게 애원을 하였으나, 아들이 죽고 나자 한마디 말로 하느님을 조롱하였을 뿐, 다시는 그것을 생각하지 않았다는 것이다. 그러나 그만큼 마음이 홀가분해지지 않는 사람은, 어떠한 일이 일어나는 것은 필연에 의한 것이므로 어찌할 수 없다는 이치를 통찰하여 숙명론의 입장을 취하는 것이 좋다.

그렇기는 하지만 이 원칙은 일방적이다. 불행을 당했을 때 직접 우리들의 마음을 가볍게 하고 진정시키기에는 이 원칙이 알맞을지 모른다. 그러나 적어도 우리들 자신의 부주의나 무작정에 불행의 책임의 반이 있다고 한다면, 분하더라도 "이렇게 했더라면 이것을 방지할 수 있었을 것인가"를 재삼 생각하는 것이 장래를 위해 자기에게 유효한 습관이 되는 것이다. 더구나 불행하게도 자기가 잘못을 저질렀을 경우 대개는 자기 자신에게 구차한 변명을 한다든가 대단한 잘못이 아닌 것처럼 생각하려 하지만, 그러한 태도를 취하느니 차라리 깨끗이 그 잘못을 인정하고 이후로는 그러한 잘못을 되풀이하지 않아야겠다는 결심을 해야 한다. 물론 그렇게 하는 것은 자신에게 정이 떨어지게 되는 매우 고달픈 일이겠지만, 자책을 모르는 사람은 교육이 없는 사람인 것이다.

상상력을 제한하라

행복, 불행에 관한 모든 일에 있어서는 적어도 상상력을 제한하는 것이 좋다. 따라서 무엇보다도 사상누각을 세우지 않는 것이 좋다. 사상누각은 세우기 시작하는 그때부터 한숨과 함께 무너져 버릴 성질의 것이므로 너무나도 큰 희생이 뒤따른다. 그러나 이것 못지않게, 일어날는지도 모를 불행을 이럴 것인가 저럴 것인가 하고 상상하여 마음을 불안하게 하는 일이 없도록 주의하는 것도 좋다. 가령 이 불행이 전혀 정체가 없는 것이었다든가, 혹은 겨우 눈앞의 화재 정도였다고 한다면, 그 꿈이 깬 후에는 모든 것이 거짓이 아니라는 사실이 곧 판명될 것이기 때문이다. 따라서 그런 만큼 그래도 현실이 더 낫다는 것을 기쁘게 생각하기도 할 것이다.이것으로 무엇인가 얻는 것이 있다고 하더라도, 그것은 겨우 생길는지도 모르지만 아직은 그런 일은 일어나지 않고 있다.

PART 5

삶의 자세에
대하여

01

후회,
소용없는 짓이다

우리가 어떤 일을 수습할 수 없을 때 흔히 하는 말이 "이렇게 될 줄 몰랐어." 혹은 "그 때 이렇게 했으면 이런 결과가 나오지 않았을 텐데……." 하고 후회하는 경우가 많다. 그러나 후회해서는 소용이 없다. 왜냐하면 이제 와서 후회해 봤자 후회하고 있는 것을 돌이킬 수 없기 때문이다. 오히려 괴롭고, 스스로를 고문하는 것과 같기 때문이다. 이럴 때는 성경 구약에 나오는 다윗왕을 본받는 편이 좋다. 다윗왕은 어린 자식이 병이 걸렸을 때 끊임없이 여호와께 자식의 회복을 빌었지만, 자식이 죽자 자식을 생각하며 조금도 회한에 빠지지 않았다.

구체적이 아닌 희망은 모두 환상이다

무엇이든지 자기가 가지고 있지 않은 것을 보면, 그것이 자기 것이라면 얼마나 좋을까 하고 곧잘 생각한다. 이런 이유로 부족함이 생긴다. 이보다는 차라리 자기가 가지고 있는 것을, 이것이 내 것이 아니라면 어떨까 하고 스스로 물어보아라. 재산이든 건강이든, 친구나 애인이나 처자식이든, 말이든 개든, 다른 그 무엇이든 자기가 가지고 있는 것을 잃어버렸다고 한다면, 그것이 자기에게는 이러저러하게 여겨지리라고 생각해 보도록 해야 한다. 대개 잃어버린 후에 비로소 그 가치를 알기 때문이다.

그런데 여기서 권하려는 방법으로 사물을 생각해 나가면, 첫째는 그것을 소유한다는 그 자체에서 지금까지보다도 더 행복하게 느껴지고, 둘째는 어떻게 하든 상실을 예방하려고 하게 된다. 즉 재산을 위험한 곳에 내맡기려고도 하지 않거니와 친구를 골탕 먹이려고도 하지 않고, 아내의 정조를 유혹 속에 던지지도 않을 것은 물론이고 아이들의 건강 체크도 게을리하지 않을 것이다. 투기적으로 유리한 가능성만 믿고 현재 우울한 면을 밝게 하려고 여러 가지 가상의 희망을 생각해내는 수가 많은데, 이러한 가상의 희망은 모두 환멸을 품고 있어서, 그 희망이 준엄한 현실에 부딪혀 깨어지면 환멸로 바뀔 수밖에 없다.

불리한 가능성은 얼마든지 있으므로 그것에 기대하고 있다는 것은 그것을 방지하는 결과가 될 뿐 아니라 그 불리한 가능성이 실현되지 않고 지나간다면 뜻밖의 기쁨이 되므로 그것이 훨씬 나은 것이다. 얼마간의 불안을 견뎌낸 후에는 틀림없이 눈에 띄게 명랑해지기 때문이다. 어쩌면 당황할지도 모를 커다란 불행을 가끔 떠올리는 것도 좋은 일이라고 할 수 있다. 그렇게 하면 후에 실제로 일어난 훨씬 적은 불행을 더 쉽게 견딜 수 있고, 상상 만큼의 큰 불행이 일어나지 않았다는 것에서 위안을 얻을 수 있다. 그렇다고 이 때문에 앞에서 말한 원칙을 소홀히 해서는 안 된다.

생각을 분리하는 장롱을 설치하라

우리들에게 관계가 있는 문제나 사건은 무질서하게 서로 관계도 없이 현저한 대조를 보이기 때문에 그것이 모두 우리들의 문제라는 것 이외에는 하등의 공통점도 없이 나타난다. 그리고 잡다하게 엇갈려 있기 때문에 문제를 대하는 우리 생각을 거기에 적용하려고 하면 사고 역시 마찬가지로 엇갈릴 수밖에 없다. 그러므로 다른 일에는 전혀 개의치 않고서 일을 하나하나 그 자리에서 처리하고, 향유하고 견뎌나가려면 한 가지 일을 다룰 때는 다른 모든 것을 안중에 두지 말고 초연해야만 한다. 말하자면 생각을 분류하는 장롱을 설치하면 한 서랍을 열 때는 다른 서랍을 모두 닫도록 해야 한다. 그렇게만 된다면 무겁게 밀려드는 걱정 때문에 지금의 안락함마저도 침해를 받아 안정을 모두 빼앗긴다든지 하나의 생각이 다른 생각을 밀어낸다든지 또는 어떤 중요한 문제에 대한 걱정 때문에 작은 문제들이 모두 소홀하게 된다든지 하는 일이 없어진다. 특히 고상하고 훌륭하게 바라볼 줄 아는 능력을 갖춘 사람이라면 신변 문제나 저속한 걱정에 마음을 완전히 빼앗겨 고상하고 훌륭하게 바라보는 여유를 잃어버릴 정도가 되어서는 안 된다. 그것이야말로 순전히 "생활 때문에 유일한 삶의 보람을 잃는 것"이 될 것이다.

이처럼 우리들이 자신을 어느 방향으로, 혹은 한 방향에서 다른 방향으로 나아가려면 다른 많은 경우처럼 자제를 필요로 한다는 것은 두말할 나위도 없다. 그러나 사람은 모두 어떤 생활에도 없어서는 안 될 외부로부터 커다란 억압을 참아나가지 않으면 안 된다. 이를테면 원을 중심의 가장 가까이에서 조그맣게 잘라내도 그 작은 원은 100배나 큰 다른 원과

닮은 것처럼 약간의 자제라도 그것이 적절하다면, 후에 외부로부터 억압을 예방하는 것이 된다는 것을 잘 생각하여 그것으로 자제심을 높이는 것이 좋다.

외부로부터의 억압을 피하려면 무엇보다도 자제에 의하는 것이 좋다. "모든 것을 네 뜻대로 하고 싶다면, 너 자신을 이성에 따르도록 하라."는 세네카의 말은 바로 이 뜻이다. 게다가 자제는 언제든지 조절할 수 있으므로 자기가 가장 어려워하는 문제에 스스로 자제를 가할 경우 얼마든지 조절할 수도 있다. 그러나 외부로부터의 억압은 너그러움도 없고 무자비하다. 그러므로 외부로부터의 억압을 줄여나가는 게 현명하다.

욕망을 누르고 노여움을 억제하라

모든 소원 중에서 개인이 얻을 수 있는 것은 아주 작은 일부분에 지나지 않는다.

그러나 불행은 누구에게나 무수히 내리는 것이라는 점을 언제나 명심하라.

소망에는 한계를 지우고, 욕망을 억누르고, 노여움을 억제한다는 것, 한마디로 말해서 절제와 인내, 이것을 생활의 원칙으로 지키지 않는다면 아무리 부유하고 권세가 있더라도 자기 몸의 비참함을 어떻게 할 도리가 없는 것이다.

각자 능력에 맞춰 무슨 일이든지 하라

아리스토텔레스가 "생명은 운동에 있다."고 한 말은 맞다. 육체적 생명이 끊임없는 운동을 그 본질로 하고, 끊임없는 운동에 의해서만 존립하는 것처럼 내면적, 정신적 생명도 언제나 일을 바라고 있다. 다시 말하면 행위나 사고로 무엇인가 어떤 일에 종사하기를 바라고 있는 것이다. 할 일이 없어서 멍하니 있을 때 손이나 혹은 다른 것으로 톡톡 두들기는 것 같은 동작을 하는 것도 하나의 증거이다. 즉 우리들의 생활은 본질적으로 휴식을 모르는 생활인 것이다. 그러므로 조금이라도 활동하지 않고 있으면 무엇보다도 무서운 권태가 밀려와 곧 견딜 수 없어진다. 그런데 이러한 충동을 계통적이고 효과 있게 만족시키려면 충동을 조절하면 된다.

그러므로 활동이라는 것, 무엇인가 한다는 것, 될 수 있다면 무엇을 완성시킨다는 것, 적어도 무엇을 배운다는 것은 인간의 행복에 없어서는 안 되는 것이다. ─인간의 능력은 언제나 사용되기를 바라며 인간은 사용의 결과를 어떠한 형태로도 보고 싶어 하는 것이다. 그러나 이 점에서 최대의 만족을 얻을 수 있는 것은 무엇인가를 완성시키는 것이다. 광주리를 짜는 것도 책을 쓰는 것도 좋다. 특히 하나의 작품이 자기의 손에 의해 만들어지고 멀지 않아서 완성되는 것을 보는 데서 직접적인 행복을 얻는다. 이러한 것은 예술 작품이라든가 저술 따위에서 느낄 수 있다. 아니 보통 일반적인 수공예에서도 이러한 것을 느낄 수 있다.

그러나 작품이 고급일수록 행복도 더 고상해진다는 것은 말할 것도 없다. 중요하고 위대한 작품을 만들어 낼 만한 능력을 지닌 재능이 풍부한 사람은 이런 점에서 가장 행복하다. 이러한 자각에 의한 생활을 하는 사람은 질적으로 높은 수준에 있으므로 여느 사람의 생활에서는 볼 수 없는 고상한 품위가 있다. 그러므로 이런 생활에 비하면 다른 사람의 생활 같은 것은 참으로 하찮은 것이다. 즉 재능이 풍부한 사람에게는 인생, 세계가 관심 있는 공통적인 소재를 넘어서 더 높은 또 하나의 관심, 즉 형이상학적이고 이념적인 관심의 표적이 된다.

인생은 이러한 종류의 인간이 만들어 내는 작품에 필요한 소재를 저장하고 있다. 신상의 필요가 만족되고 조금이라도 숨을 돌릴 여유가 생기면 한평생 이런 소재 수집에 끈기 있게 매달리는 것이다. 더구나 이런 사람의 지성은 양면적이다. 일면은 다른 모든 인간의 지성과 같이 세상 일반의 관계 즉, 의지와 관련이 있는 문제를 대상으로 하며, 다른 일면은 사물의 객관적인 해석을 일삼는다. 이렇게 양면적인 생활을 하고 있는 것이다. 다른 인간이 모두 배우가 되어 있는데 반하여, 이러한 사람은 관객과 배우를 겸하고 있다.

아무튼 각자가 자기 능력에 맞추어서 무엇을 하는 것이 좋다. 계획적인 활동이 없다면, 즉 무엇인가 할 일이 없다면, 그것이 우리에게 얼마나 불리한 영향을 미치는가 하는 것은 장기간 유랑을 해보면 알 수 있다. 말하자면 자기에게 꼭 맞는 자연스러운 생활 기반 속에서 억지로 바깥으로 끌려 나온 셈이므로 생각할수록 불행을 느끼는 수가 많다. 흙을 파는 것이 두더지의 욕구이듯이 온몸을 다하여 저항하여 싸우는 것이 인간의 욕구이다.

변함이 없는 향락의 절대 자족감에 따르는 정체는 인간에게는 견딜 수가 없다. 행동할 때 볼 수 있는 물질적인 장애든, 학습이나 연구를 할 때에 볼 수 있는 정신적인 장애든 그 장애를 넘어서는 것이 생활을 전폭적으로 향락하는 것이 되는 것이다. 장애와 싸워 이기는 것이 인간을 행복하게 하는 것이다. 이러한 기회를 얻을 수 없다면 갖은 방법을 다하여 기회를 만들어 내는 것이다. 개성에 따라서 사냥을 한다든가, 어떠한 놀이를 한다든가, 혹은 본성의 무의식적인 움직임에 이끌려 싸움을 건다든가, 음모를 꾸민다든가, 사기를 한다든가, 그 밖의 여러 가지 일을 하게 된다. 요컨대 이것은 모두 평온한 상태에 견딜 수가 없어서 그러한 상태를 끝내려고 하는 행위다.

그대의 존재를 더욱 빛나게 만드는 고독

정신적인 고독과 육체적인 고독을 동반할 수 있는 일만큼 세상에서 행복한 일도 없다. 정신적으로는 고독하지만 육체적으로 고독할 수 없는 사람은 다른 세상에 있는 어리석은 사람들과 만나야 한다. 그는 진정한 자유와 안정을 빼앗긴 채 사람들 속에서 공허를 느낀다. 반면에 육체적으로만 고독한 사람은 고독의 순간을 고통스럽고 힘겹게 받아들인다.

운명은 변할 수 있으나 인격은 변하지 않는다

운명은 우리의 노력과 선택에 의해 언제나 변할 수 있다. 그러나 우리의 인격은 변하지 않는다.

고귀한 성품이나 뛰어난 두뇌, 쾌활한 성격, 예민한 판단. 건강한 육체 등은 우리가 행복해지기 위한 중요한 요소들이다. 따라서 우리는 재물이나 명예보다는 건전한 정신과 육체의 건강에 더욱 많은 노력을 기울여야 할 것이다.

행복을 형성하는 요소 가운데 가장 중요한 것은 쾌활한 성격이다. 쾌활한 성격을 가지고 있는 사람은 삶을 즐거운 것으로 받아들이며 스스로를 행복하다고 느낀다.

삶이 다가오는 형태는 기분에 따라 다양하다

삶이 어떤 것으로 다가오는가 하는 문제는 그 사람의 기분에 따라 달라진다. 그 사람의 운명이 아무리 비극적이라고 해도 긍정적인 성격을 가진 사람은 자신의 비극을 보다나은 미래를 위한 하나의 과정으로 받아들인다.

그리고 그런 의지는 비극적인 운명을 풍부하고 아름다운 운명으로 바꾼다.

02

세상사는
누구에게나
다 똑같이 일어난다

사람의 생활은 어떠한 형태로 영위하든, 초가 삼간에서 하든, 궁중에서 생활하든, 수도원에서 지내든 혹은 군대에서 지내든 결국 같은 내용이다. 따라서 대체로 어디에서든 같은 생활이라는 것이다. 생활상의 일이나 돌발 사건이나 행운, 불운은 그것이 아무리 다양하더라도 실제는 과자와 같은 것이다. 실로 다양한 모양의 과자가 여러 가지로 많다. 그러나 모두가 다 같은 원료를 반죽하여 만든 것이다. 어떤 사람이 당하는 일은 그 사람이 이야기하는 것을 듣고서 다른 사람이 상상하는 이상으로, 일찍이 그 다른 사람이 당한 일과 너무나 닮아 있는 법이다. 또 인생에서 일어나는 일은 요지경 속에 비치는 그림과도 같은 것이다. 돌릴 때마다 다른 것이 보이지만 실은 눈앞에 있는 것과 결국 같은 것이다.

세상에서 벗어나는 것도 나쁘지 않다

젊은 시절 세상에서 '버림받은 듯한' 느낌은 세월이 흐르면 세상에서 '벗어나는 듯한 느낌'으로 바뀐다. 젊은 시절 혐오스러웠던 그 느낌은 사실 무지 때문에 생기는 것이다. 하지만 나이가 들면 마음이 한결 편해진다. 세상이 어떤 것인지 잘 알게 되었다는 뜻이다.

세상을 지배하는 세 가지 요소

"세계를 지배하는 요소가 셋이 있다. 그것은 분별과 힘과 운."이라고 옛 사람이 아주 진실하게 말하고 있다. 나는 마지막 운이라는 요소가 제일 중요한 요소라고 생각한다. 우리들의 생애는 파도를 헤치는 배와 같다고 할 수 있다. 운, 즉 행운이라든지 불운이라고 하는 것은 우리들을 급속히 훨씬 앞으로 내밀든지, 훨씬 뒤로 되밀든지 하기 때문에 바람의 역할을 하고 있다. 이와 반대로 우리들 자신의 매력과 행동은 그 바람에 비하면 거의 맥을 못 춘다. 말하자면 우리들의 노력은 노의 역할을 하고 있다. 몇 시간 동안의 노력 끝에 노가 우리들을 얼마간 앞으로 나아가게 했는가 하면 한 가닥의 돌풍이 다시 그만큼 되밀어버린다. 그러나 이것이 순풍이라면 노 같은 것은 필요치 않을 만큼 앞으로 밀어준다. 운이라는 것의 이러한 힘을 스페인의 속담이 절묘하게 표현하고 있다. "너의 아들에게 운을 주어서 바다 속에 내던져라."

좋은 일과 나쁜 일을 동시에 상상하라

시간의 작용과 사물의 변하기 쉬움을 늘 염두에 두고 현재의 일을 볼 때 즉시 그 반대를 상상하는 것이 좋다. 즉 행복할 때는 불행을, 우정에는 배신을, 맑은 날씨면 흐린 날씨를, 사랑에는 미움을, 믿고서 마음을 터놓을 때는 배반당하여 후회하는 장면을 하나씩 선명하게 생각하고 또 그 반대 경우도 하나씩 떠올려보는 것이 좋다. 이렇게 하면 언제나 바른 정신을 잃지 않고 쉽사리 기만당하지 않을 것인데, 이것이 참다운 처세술의 지속적인 원천이 될 것이다. 물론 그렇기는 하지만 대개의 경우는 시간의 작용을 미리 작동시킨 것이 될 뿐일 것이다. 그렇지만 사물의 무상, 변화를 올바르게 측정하는 것은 모든 인식 중에서도 경험을 가장 필요로 하는 인식일지도 모른다. 사실 어떤 상태든 그것이 지속되고 있는 동안만은 필연성을 가진 것이며, 완전한 존재 이유가 있는 것이므로 이 해, 이 달, 이 날이 모두 그야말로 영원한 존재 이유를 계속 가질 것처럼 보이지만 어느 해도, 어느 달도, 어느 날도 존재 이유를 계속 가지는 것이 아니다. 영속적인 것은 변화뿐이다. 영리하다고 할 수 있는 사람은 겉치레만의 위장에 속지 않고 더구나 위장된 변화를 더듬을 듯한 방향을 예견하는 사람이다. 이에 반하여 사물의 일시적인 상태나 그 진행 방향을 지속적이라고 생각하는 것은 결과를 눈앞에 보면서 원인을 이해하지 않기 때문이다. 그러나 미래에 있을 변화의 싹을 포장하는 것은 원인이며, 결과는 단지 원인을 위하여 존재할 뿐 미래에 있을 아무런 변화의 싹을 포장하고 있지 않다.

　사람은 결과만을 믿고 자기가 모르는 원인이 어떠한 결과를 초래했으니, 그 원인이 결과를 유지할 수도 있을 것이라고 단정해 버린다. 이렇게 되면 과오를 범하더라도 모두가 다 함께 범한다는 이점이 있다. 따라서 그 때문에 입는 피해도 모두가 다 똑같이 입는다. 그러나 생각이 깊은 사람이 과오를 범하면 피해를 입고서도 또한 고립될 수 있다. ─다시 말하면, 여기에서 말한 것은 과오는 언제나 귀결에서 이유를 추론하는 추리에서 생긴다는 나의 명제의 확증도 된다.

지혜로운 사람만이 마음의 평화를 누린다

우리의 모든 고뇌는 혼자 있을 수 없다는 점에서 시작된다. 우리는 복잡한 삶을 살아오면서 많은 것들을 잃어버리고 있다. 몹시 소중하고 귀중한 것들을 삶 속에 묻어둔 채 우리는 그곳을 지나온 것이다.

03

불행이 다가오는 것을 두려워 말라

일상생활에 몇 번이고 현저히 나타나는 미련한 두뇌와 영리한 두뇌의 특징적 차이 중의 하나는, 일어날 위험을 생각하고 측정할 때 미련한 두뇌는 언제나 같은 종류의 일로 "지금까지 어떠한 일이 일어났는가."라는 것만을 묻고 그것을 고려할 뿐이다. 이와 반대로 영리한 두뇌는 어떠한 일이 일어날 가능성이 있는가를 잘 생각한다. 스페인 속담이 말하듯 "일 년 내에 일어나지 않을 일이 수분 내에 일어난다."는 것을 깊게 생각해 보라는 것이다. 여기에 언급한 이 차이는 말할 것도 없이 당연하다. 왜냐하면 어떠한 일이 일어날 가능성이 있는가를 살펴보기에는 감각만으로도 족하기 때문이다.

"악마에게는 재물을 바쳐라."는 말을 우리들의 격언으로 하자. 바꿔 말하자면 불행이 일어날 가능성을 막기 위해서는 노력, 시간, 불편, 번거로움, 돈, 혹은 결핍 등 어느 정도의 희생을 감수하는 것을 두려워하지 말라는 말이다. 그렇게 한다면 미연에 방지한 불행보다 만약 방지하기 위해 노력했을 때의 불편함은 정말 사소한 것이었다고 여겨질 것이다. 이 원칙을 가장 명료하게 보여주는 게 보험료이다. 보험료는 모든 사람이 공공연하게 악마의 제단에 바치는 제물인 것이다.

기쁨이나 슬픔의 변덕스러움도 삶의 상사(常事)이다

어떤 일에도 갑자기 너무 기뻐한다든지 슬퍼해서는 안 된다. 모든 사물이 변화의 가능성을 가지고 있기 때문에, 행해진 일은 언제 어느 때에 변화되지 않는다고 단정하지 않을 수가 없기 때문이다. 또한 우리들이 유리하다거나 불리하다고 결정짓는 판단은 믿을 만한 것이 아니기 때문이다. 자기가 슬퍼하던 일이 나중에 보면 자기에게 가장 좋은 일이었고, 기뻐하던 일이 번민의 원인이 되어 있다든가 하는 것은 거의 누구나가 다 경험했다. 이것은 사물의 변화와 판단이 우리들을 속이는 데서 따르는 것이다. 이것에 대한 대책으로 여기 추천한 사상 태도를 셰익스피어는 다음과 같이 훌륭하게 말하고 있다.

기쁨이나 슬픔의 변덕스러움은 실컷 맛보았다

그러한 일을 당하더라도 계집처럼 마음을 호락호락 움직이지 않겠다.

－＜끝이 좋은 것은 다 좋다＞ 중에서

불운은 자신의 어리석은 행동에서 생긴다

세상 사람들이 보통 운명이라고 말하는 것은 대개 그들 자신의 어리석은 행동을 말하고 있는 것에 지나지 않는다. 그러므로 호머가 깊은 생각, 즉 영리한 생각을 설명하며 권하고 있는 아름다운 구절을 명심해야 한다. 극악무도한 행동은 저 세상에 가서 속죄하게 되지만, 어리석은 행동은 때때로 법률의 발동을 대신하여 특사가 베풀어지는 수는 있어도 대개 이 세상에 있는 동안에 속죄를 하게 되기 때문이다.

인간의 두뇌는 사자의 발톱보다 더 무서운 무기이다. －그러므로 흉악한 얼굴이 아니라 영리하게 생긴 얼굴이 무섭고 또 위험하게 보이는 법이다.

이상적인 사회인이라는 것이 있다고 한다면, 일을 결정하지 못하고 우물쭈물 한다든지 괜히 너무 초조해한다든지 하는 일이 절대로 없는 사람일 것이다.

행복을 얻는 데 중요한 특성은 지혜 다음으로 용기다

우리들의 행복에 있어서 극히 중요한 특성은 지혜 다음으로 용기다. 물론 어느 특성도 스스로 손에 넣을 수는 없다. 지혜는 어머니에게서, 용기는 아버지에게서 이어받는다. 그러나 의지와 훈련에 의하여 얼마간이라도 갖추고 있는 지혜와 용기를 조금은 더 넓힐 수 있다. "운명의 주사위가 단호히 던져지는" 이 세상에서 살아가려면 운명에 대한 방비와 인간에 대한 무장을 갖춘 단호한 기상이 필요하다. 인생은 전체가 그대로 투쟁이다. 우리들의 한 걸음, 한 걸음에 공격이 가해진다. 그러므로 볼테르가 "사람은 칼을 뽑아들고 비로소 이 세상에서 성공을 거두고 무기를 쥔 채 죽는다."고 말하는 것도 당연하다.

그러므로 구름이 이는 것을 보고, 더구나 지평선 끝에 이는 구름을 보고서 금세 두려워하고 의기가 소침해져서 슬퍼한다는 것은 소심한 것이다. 오히려 "불행을 피하지 말라. 용감하게 맞서라."를 우리들의 좌우명으로 해야 할 것이다. 한 조각의 푸르름이 하늘에 있는 한 날씨를 절망해서는 안 되는 것처럼 위험한 일의 결말이 아직도 의심스럽고 호전될 가능성이 있는 한 두려워하지 말고 한결같이 저항을 생각하라. 그보다도 오히려 "세계가 무너져 내린다면, 파편은 두려워하며 피하는 사나이를 때린다."라고 말할 수 있을 정도는 되어야 한다. 사람의 일생은 두려워 떨며 움츠릴 만큼 귀중한 것이 못 된다. 더구나 인생의 재물쯤이야 말할 것도 없다. 그러므로 용맹하게 살아라.

용맹한 가슴을 운명의 화살 앞에 내세우라

그러나 이것에도 지나친 점이 있다. 용기가 만용으로 변하는 수가 있기 때문이다. 아니 어느 정도의 두려움은 이 세상에서 살아가는 데 필요하기도 하다. 겁이라는 것은 두려움이 정도를 넘은 것이다. 이것은 프란시스 베이컨이 '파니트 테리아'라는 말의 어원적 설명에서 아주 적절한 표현을 사용하여 말하고 있다. 이 설명은 <플루타크 영웅전>에서 우리들에게 전해진 낡은 설명보다도 훨씬 낫다. 즉 베이컨은 이 말을 대자연의 의인화라고 할 수 있는 판 원인 불명의 공포 영어로 panic를 준다(Pan, 희랍 신화에 나오는 목축·수렵의 신. 사람에게 전함)에서 생긴 것이라고 하고, 다음과 같이 말하고 있다. "삼라만상의 자연성은 살아 있는 모든 것에 공포를 주고 불안을 품게 하였다. 공포와 불안은 덤벼드는 불행을 피하고 이것을 물리치기 때문에 목숨이 있는 것의 생명과 존립을 유지시키는 데 쓰이는 것이다. 그러나 자연은 적정량을 지킬 수가 없어서 유효한 두려움에다가 언제나 약간의 허망한 두려움을 섞었다. 그 결과 사물을 내면적으로 복 수가 있다고 한다면 삼라만상, 특히 인간계의 사물이 파니크 테리아에 가득 찰 것으로 보일 것이다." 그 밖의 '파니크 테리아'의 특징은 스스로는 그 원인 근거를 분명하게 의식하지 않고, 원인을 안다고 하기보다는 오히려 원인이 있는 것을 당연한 것처럼 전제로 하고 있을 뿐 아니라, 급한 경우에는 오히려 공포 그 자체를 공포의 원인으로 인식한다는 점이다.

돈에 유혹되어 무리한 노력을 하지 말라

위대한 인물이나 학자들 중 만년에는 저능해지고, 유치해지고, 정신착란에 빠진 사람이 있다. 예를 들면 월터 스코트, 위즈워드, 사디 그 밖의 많은 현세기의 저명한 영국 시인들이, 만년이 아니라 60대에 벌써 정신적으로 무뎌지고 무능하게 되어버린 것은 틀림없이 그들이 모두 많은 사례금에 이끌려 직업적으로 저술을 했다는 것, 즉 돈 때문에 글을 썼다는 것으로 설명이 된다. 이러한 것에 유혹되어 어느덧 무리한 노력도 하게 된다. 자기의 시혼을 멍에에 매고, 자기의 시재에 매질을 하는 자는 애욕에 노예적인 봉사를 바친 자와 같은 속죄를 해야 할 것이다. 칸트도 그가 유명해진 후의 만년에는 일을 지나치게 하여 제2의 유년기라고도 할 수 있는 최후의 4년간을 맞이했다. 지나치다고 여길지 모르겠으나 나는 그렇게 생각한다.

일 년의 12달은 제각기 우리들의 건강, 육제적인 상태, 아니 정신적인 상태에 대해서도 독특하고 직접적인, 물론 날씨와 관계가 없는 영향력을 가지고 있다.

04

세심한 주의와
관용의 마음을
몸에 지녀라

세상을 살아나가려면 세심한 주의와 관용이 있어야 한다. 세심한 주의로 손해와 손실을 면하고, 관용으로는 싸움을 면한다.

세상 사람들과 함께 살아나가야 하는 이상 어떠한 개성이라도, 아무리 졸렬하고 가련하며 열등한 개성일지라도 절대적으로 배척해서는 안 된다. 아무튼 개성이라는 것은 자연에 의해서 정해지고 또 주어졌기 때문이다. 오히려 개성은 영원한 형이상학적 원리에서 비롯하여 현재의 이러한 형태로 밖에 있을 수 없는 것이라고 보아야 한다. 아주 형편없는 개성이라고 생각될 때는, "이렇게 신비한 사람도 있는가 보다"고 생각하라. 그렇게 생각하지 않으면 상대방을 불쾌하게 하여 생사를 걸고 도전하게 하는 것이 된다. 왜냐하면 상대의 참다운 개성, 즉 그 도덕적 성격, 인식 능력, 기질, 인상 등은 누구도 이것을 변화시킬 수가 없기 때문이다. 그러나 만약 우리들이 그 사람의 본질적인 성격을 도덕적으로 완전히 부정한다면, 상대는 우리들을 불구대천의 원수로 보고 싸울 수밖에 도리가 없다. 그 사람이 현재의 불가변적 형태와는 다른 사람이 된다는 것을 조건으로 하지 않는다면, 그 생존권을 우리들이 인정하지 않는 것이 되기 때문이다.

개성을 인정하고 그에 맞추도록 노력하라

그러므로 세상 사람들과 함께 살아나가려면 누구에 대해서도, 어떠한 성질이든, 원래의 개성을 그대로 인정할 필요가 있고 개성을 그 특성에 맞추어서 이용하도록 애를 쓰면 되는 것이다. 이와 반대로 개성이 변할 것을 기대한다든지, 개성 그대로의 형태를 무조건 도덕적으로 부정한다든지 해서는 안 된다. "나도 살고 남도 함께 산다."는 말의 참뜻은 여기에 있다. 그러나 이 요구를 긍정하기는 쉽지만 실행하기는 어렵다. 그러므로 많은 개성을 접하는 것을 언제까지나 피할 수 있는 사람은 행복하다고 할 수 있다.

어떻든 간에 사람에 대한 인내를 배우려면 역학적 혹은 그 밖의 자연적 필연성으로 우리들의 행위에 완강히 저항하는 무생물을 시험으로 하여 인내심을 기르는 것이 좋다. 그러한 기회라면 얼마든지 있다 이렇게 하여 얻은 인내를 다음에는 사람에 적용해보는 것이다. 즉 사람이 우리들의 방해가 될 경우 그것도 물론 그 사람의 본성에서 발하는 필연성에 의한 것에 틀림이 없으며, 이 필연성은 무생물 작용의 필연성과 한 가지라고 생각하는 버릇을 붙이는 것이다. 그러므로 사람의 행위에 화를 내는 것은, 발 앞에 굴러온 돌을 보고 화를 내는 것과도 같이 어리석은 일이다.

자기 기준으로 사람을 만들려고 하지 말라

우리가 다른 사람에게 베풀 수 있는 것들은 지극히 한정되어 있다. 결국 우리는 혼자서 살아갈 수밖에 없다는 사실을 명심하라.

어떤 상황에 처하더라도 궁극적으로 우리는 자기 자신에게 돌아갈 수밖에 없다. 그럼에도 불구하고 우리는 다른 사람을 의지하고 그들에게 무엇인가를 요구하게 된다. 동시에 우리가 원하는 모습으로 그 사람을 바라보게 된다.

뒤를 돌아보라. 그대가 그대의 기준으로 그 사람을 만들고 있지는 않은지 다른 사람을 그 사람이 가진 모습 그대로 바라보는 것은 매우 중요하다. 그 사람의 객관적인 모습을 솔직하게 인정하라.

부정적인 경험을 통해 얻는 교훈은 긍정적인 경험에서 얻게 되는 교훈보다 더 많은 것을 배울 수도 있다.

우리는 욕망을 절제할 수 있어야 한다. 그리고 이건 틀린 거라고 스스로에게 확실히 다짐할 수 있어야 한다. 그 욕망이 다른 사람의 희생을 요구하는 것이라면 말이다.

돈을 유용하게 사용할 수 있는 방법 가운데 가장 유익한 것은 사기를 당하는 것이다. 왜냐하면 그 대가로 현명함을 얻을 수 있기 때문이다.

행운은 거울속의 나를 보는 용기가 있을 때 온다

희망은 마치 독수리의 눈빛과도 같다. 항상 닿을 수 없을 정도로 아득히 먼 곳만 바라보고 있기 때문이다.

진정한 희망이란 바로 나를 신뢰하는 것이다. 행운은 거울 속의 나를 바라볼 수 있을 만큼 용기가 있는 사람을 따른다.

다른 사람에게 선한 일을 했다고 하더라도 칭찬을 받고 싶은 유혹에 빠져서는 안 된다. 허영심은 일시적인 것이지만 공적은 일부러 드러내지 않아도 오랫동안 기억에 남기 때문이다.

자신을 존중할 줄 알라

자신을 존중할 줄 아는 사람만이 다른 사람을 존중할 수 있다. 어떤 사람이 그대에게 믿음을 가지고 있다면 그대는 그 사람으로 인해 자신감을 맛볼 수 있을 것이다.

내가 불완전한 존재라는 사실을 받아들일 수 있을 때, 비로소 나는 완전한 인간이 되는 것이다.

자신감은 저절로 주어지는 것이 아니다. 그것은 스스로를 개발할 때 가능하며 가끔씩 뼈를 깎는 아픔이 따른다.

영원한 삶을 환상을 통해 얻으려고 하지 말라

오래 전부터 각 시대마다 세워진 사당이나 교회, 사원 등은 인간의 영생에 대한 높은 관심을 보여주는 증거물이다.

우리는 이 세상에서 일어나고 있는 괴로움과 고통을 잊기 위해 수백 가지의 미신을 만들어 그것을 통해 스스로의 마음을 달래려 한다. 그리고 그 환상을 통해 고통 없는 영원한 삶을 꿈꾼다.

고대의 인도인과 그리스인, 로마인, 이탈리아인들은 온화한 기후와 기름진 땅의 혜택을 받아서 편안하고 만족스러운 삶을 누릴 수 있었다. 그들은 신이나 악마의 형상을 만들어 섬기면서 언제나 거기에 재물을 바치고 기도를 드렸다. 그리고 사원을 훌륭하게 장식한 다음 간절한 소원을 빌었다. 이런 행동 속에는 환상과 현실이 혼합되어 있다.

환상이 현실의 진정한 모습을 숨기고 있었기 때문에 그들에게는 인생의 모든 일이 신의 보살핌으로 보일 수 있었다. 그리고 그들은 언제나 신을 의지하고 있었기 때문에 보다 편안한 마음으로 살아갈 수 있었다.

PART 6

마음씨에 대하여

01

직관적 선입견은
되도록 배제하라

백 사람 중에 한 사람쯤은 존경할 만한 사람이 있게 마련이다. 그 사람은 무엇인가를 기다리고 있을 때 지팡이든, 나이프나 포크든 그 밖의 무엇이든, 우연히 손에 잡히는 것을 가지고 곧 박자를 울리며 똥땅똥땅 소리를 내지 않는 사람이다. 그러한 사람은 아마 무엇인가 생각에 잠겨 있을 것이다. 그러나 대부분 사람들의 행동을 보면, 그것은 시각의 작용이 완전히 사고와 대치되어 있음을 알게 된다. 그들이 통탕통탕 소리를 냄으로써 자기 존재를 의식하려고 한다. 그들이 신변에서 일어나는 모든 사상에 대해 끊임없이 온몸을 눈으로 귀로 하는 것도 이와 같은 이유에서이다.

앞에서 말한 원칙은 일반적인 것에 포괄된다. 그것은 일반적으로 눈앞에 있는 직관적인 것에서 받는 인상을 억제하는 것이 좋다는 원칙이다. 이러한 인상은 단지 생각되고 알려진 것에 대해 비교가 되지 않을 만큼 강렬하다. 강렬한 것은 인상의 소재나 내용에 의하는 것이 아니다. 소재나 내용은 지극히 빈약한 수가 많다. 그것보다는 인상의 상태, 즉 직관성, 직접성에 의하는 것이다. 이 직관성, 직접성이 마음에 작용하여 그 평정을 방해한다든가 그 결의를 움직이게 하는 것이다. 그러나 눈앞에 있는 직관적인 것은 금방 전체를 눈으로 볼 수 있으므로, 그 강렬함이 언제나 그대로 생생하게 작용한다. 그러나 사상이라든가 논거라든가 하는 것은 조금씩 생각하게 되므로 시간적 여유와 마음의 안정을 필요로 하게 된다. 그것은 언제 어느 때라도 한순간에 완전히 생각할 수 없다. 그러므로 생각한 결과 단념한 쾌락의 대상도 다시 도발될 가능성이 있는 것이다. 그래서 아주 빗나간 비판에도 모욕을 느끼고 무시할 수 있는 모욕에도 화가 난다.

그러므로 어떤 위험의 존재를 부정하는 열 가지 논거도 현실적으로 존재하는 것처럼 보이는 그릇된 위험의 외관에 압도당한다. 이런 여러 현상들은 우리 인간의 본질이 원래 이성적이 아니라는 것을 나타내는 것이다. 또한 이러한 현상에 압도당하는 것은 여자에게 많다. 남자도 순간적인 인상의 작용에 영향을 받지 않을 만큼 이성적인 사람은 매우 드물다. 그런데 이성으로써 인상을 억제할 수가 없다면, 인상을 그것과는 반대되는 인상으로 중화시키는 것이 상책이다. 이를테면 모욕의 인상은 자기를 높이 평가하는 사람을 만남으로써 중화시키고, 절박한 인상은 그 위기에 대항하는 움직임을 현실에서 봄으로써 중화시킨다.

독일의 신학자이자 철학자인 라이프니츠가 실례로 든, 이탈리아 사람들은 고문을 받고 있는 동안 만약 자백하면 교수대에 매달릴 것이라고 여기면서 교수대를 계속 상상하고, 몇 번이나 "보인다, 보인다."라고 큰 소리를 질러 그것으로 고문의 괴로움에 대항했다고 하지 않는가. 그는 이 "보인다."라는 말을 나중에 설명하였는데, 그것은 앞에서 말한 것과 같은 취지였다. 자기를 둘러싸고 있는 모든 사람이 자신과 의견을 달리하고 그 다른 의견에 따라서 행동을 할 때, 자기는 모든 사람의 그릇됨을 확신하고 있으면서도 그들 때문에 동요하는 것이 보통이다.

동요하지 않는다는 것은 여기에서 말한 이유로 미루어 보아 쉬운 일이 아니다.

추억은 암실 속의 칠면조와 같은 기능을 한다

사람에 대한 추억이라는 것은 일시적인 기분의 차이라든지 이것과 비슷한 그 밖의 여러 장애적인 영향 따위에 좌우되지 않는 것으로, 추억 속에서 인간은 누구나 이상화된 아니 때로는 정화된 모습이 된다.

이것은 일시적인 기분의 차이가 공동체 속에서 곧잘 불화를 불러일으키는 원인이 된다는 것을 생각하면 어느 정도 이해가 간다.

추억은 암실 속의 철면렌즈와 같은 기능을 한다. 추억은 모든 것을 압축하고, 압축함으로써 원래의 물체보다 훨씬 아름다운 상을 만들어 낸다. 남에게 그와 같이 보이게 하려면 자기가 그 자리에 있지 않으면 된다. 그것만으로도 벌써 어느 정도까지 이 목적이 이루어진다.

이상화(理想化)의 기능을 가진 추억이 그 작업을 끝낼 때까지는 긴 시간이 필요하지만, 작업은 곧 착수하는 것이다. 그러므로 아는 사람이나 친구들의 앞에는 상당한 기간을 두고서 나타나는 것이 현명한 방법이라 할 수 있겠다. 그렇게 하면 다음에 만났을 때는 벌써 추억이 작업을 시작하고 있었음을 깨닫게 될 것이다.

정신은 가지지 않는 사람에게는 보이지 않는다

누구나 자기 자신 이상으로 대상을 볼 수는 없다. 왜냐하면 누구든 다른 사람을 볼 때는 자기 자신과 같은 점 이외에는 보지 않기 때문이다. 자기 자신의 지적 능력만큼만 다른 사람을 파악하고 이해할 수밖에 없기 때문이다. 그런데 자기의 지적 능력이 제일 열등한 부류에 속하고 있다면, 다른 사람이 가지고 있는 정신적 재능도 설령 그것이 아무리 위대한 재능일지라도 자기에게 인지될 도리가 없다. 재능을 가진 사람을 보아도 자기는 그 사람의 개성의 제일 저급한 면, 즉 그 사람이 가지는 단면적 약점, 기질이나 성격의 결함밖에 인정하지 않을 것이다. 곧 그 사람이 약점이나 결함으로만 이루어진 사람으로 보일 것이다. 장님에게는 색이 존재하지 않는 것처럼 자기 또한 그 사람이 가진 훌륭한 정신 능력을 감지할 수 없을 것이다. 정신은 정신을 가지고 있지 않은 사람에게는 보이지 않기 때문이다.

가치 평가는 평가하는 사람의 인식 여하에 따라서 평가받는 사람의 가치가 달라지는 것이다. 어떤 사람과 이야기할 때 상대방 이상으로 자기에게 갖추어진 것은 모두 사라져버릴 뿐 아니라, 상대와 이야기를 하는 데 필요한 자기 부정을 상대방에게 전혀 눈치 채지 못하므로 이야기 상대와 자기를 동일수준에 놓게 되는데, 이것도 앞에서 말했던 것에서 나오는 귀결이다. 그런데 대부분의 사람은 정조도 재능도 아주 낮아서, 아주 평범한 인간이라는 것을 생각하면, 그런 사람을 이야기상대로 하려는 동안만은 자신도 평범해질 수밖에 없다는 것을 깨닫게 될 것이다.

그렇게 되면 "스스로를 낮추어서 남과 사귄다."는 말의 참뜻과 그것이 적절한 방법이라는 것이 철저하게 이해될 것이지만, 자기 본성의 부끄러운 부분을 드러내지 않으면 사귈 수 없는 친구는 일절 피하고 싶은 생각도 들 것이다. 또 어리석은 바보에게 자기를 분별할 수 있는 것을 가리킬 길은 하나밖에 없다는 것도 깨달을 것이다. 그 하나란, 그런 사람과는 말을 하지 않는다는 것이다. 그렇지만 그렇게 되면 사교계에 나가도 때로는, 마치 무용가가 무도회에 와보니 만나는 사람 모두가 절름발이뿐이라 누구와 춤을 추면 좋을까 망설이는 것과 같은 심정이 되는 사람도 있을 것이다.

백 사람 중 한 사람은 존경할 만한 사람이다

존경받지 못하는 백 사람 중에 한 사람쯤은 존경할 만한 사람이 있게 마련이다. 그 사람은 무엇인가를 기다리고 있을 때 지팡이든, 나이프나 포크든 그 밖의 무엇이든, 우연히 손에 잡히는 것을 가지고 곧 박자를 울리며 뚱땅뚱땅 소리를 내지 않는 사람이다. 그러한 사람은 아마 무엇인가 생각에 잠겨 있을 것이다. 그러나 대부분 사람들의 행동을 보면, 그 것은 시각의 작용이 완전히 사고와 대치되어 있음을 알게 된다. 그들이 뚱탕뚱탕 소리를 냄으로써 자기 존재를 의식하려고 한다. 그들이 신변에서 일어나는 모든 사상에 대해 끊임없이 온몸을 눈으로 귀로 하는 것도 이와 같은 이유에서이다.

존경보다 사랑이 우선이다

로시푸코는 "어떤 사람을 아주 존경하면서 동시에 아주 사랑하기란 어려운 일."이라고 말하는데 옳은 말이다. 그러므로 우리들은 남의 사랑을 받으려고 노력하든지, 혹은 남의 존경을 받으려고 노력하든지 둘 중에 하나를 선택해야 할 입장에 서 있다고 할 수 있다. 사랑은 언제나 이기적이다. 한마디로 이기적이라 표현하지만, 거기에는 여러 가지 뜻이 있다. 정말 이기적인 것은 사실이다. 더구나 사랑을 얻기 위한 수단은 그것이 꼭 우리들의 자랑이 될 만한 것만 있는 것이 아니다. 다른 사람의 정신이나 심정에 대하여 어려운 조건을 붙이지만 않는다면 대체로 남에게서 사랑을 받게 된다. 다시 말하면 자신을 굽힌다든지 단지 상대방을 경멸하는 데서 생기는 관용이라든지 하는 따위가 아니라, 진심으로 상대방을 존중하는 태도를 취하면 사랑을 받게 되는 것이다. 또 하나의 전제로 프랑스의 계몽철학자인 엘베시우스가 말한 "우리들을 기쁘게 하는데 필요한 지성의 정도는 우리들 자신이 가지는 정신의 정도를 추정하는 아주 정확한 척도"라는 진실된 말을 생각해 본다면 이 두 전제에서 나오는 결론은 말하지 않아도 알 수 있다.

이에 반하여 남의 존경을 받는다는 것은 그 반대이다. 남에게 존경을 받는 것은 다른 사람의 의지와는 달리 우격다짐으로 자기를 존경하게 하는 것이다. 때문에 대개의 경우 사람들은 존경을 표면에 나타내지 않는 것이다. 그러므로 존경은 사람에 비해, 내면적으로는 우리들을 훨씬 더 만족시켜준다. 존경은 우리들 자신의 가치와 관련이 있다. 이 사실은 남의 사랑에 대해서는 그대로 들어맞지 않는다. 사랑은 주관적이고 존경은 객관적인 까닭이다. 어느 쪽이 더 우리에게 유용한가 하면 그것은 말할 나위도 없이 사랑이다.

02

상대방에 상처를
주지 않도록
늘 주의하라

대개 인간은 극히 주관적이며, 자신 이외에 결국 무엇 하나 그들에게 흥미를 느끼게 하는 것이 없다. 그 결과 남이 이야기하는 것을 들으면 무엇이든 곧 자신의 일을 생각하게 된다. 어쩌다 조금이라도 자신의 개인적인 일과 관계가 있는 것을 들으면 그것에 마음을 빼앗겨 이야기의 객관적인 주제를 파악할 여유가 없어진다. 또 어떤 논거라도 자기의 이해나 허영심이 이것을 반대하면 더 이상은 조금도 인정하지 않는다. 그러므로 이야기를 들어도 멍하게 앉아 있든지, 마음 상해한다든지, 모욕을 느낀다든지, 기분을 상하기가 일쑤이다. 그러므로 어떠한 화제든 그들과 객관적으로 이야기를 하려면 화제의 내용이 눈앞에 있는 상대방에게 혹시나 무슨 상처를 주지나 않을까 하고 더할 수 없이 세심한 주의를 기울여야 한다. 그들은 자신들 이외의 어떤 것에도 관심을 가지지 않기 때문이다.

다른 사람의 이야기가 진실하고 적절하다든지, 아름답고 세련되어 있어서 위트가 있다든지 하는 것에 대해서는 조그마한 이해도 하지 않으면서, 아주 조금이라도 혹은 간접적이라도 그들의 시시한 허영심을 상하게 할 만한 일이라든지, 어떠한 의미에서 그들의 더할 수 없이 귀중한 자아에 불리한 영향을 미칠 일에 대해서는 지극히 섬세하고 민감한 반응을 보인다. 그들의 마음은 어찌나 상하기 쉬운지, 마치 자신도 모르게 강아지의 발을 밟아 낑낑거리는 비명을 듣게 되는 것과도 같다. 혹은 조금이라도 다치지 않도록 세심한 주의를 하지 않으면 안 될 상처투성이의 환자에 비유할 수도 있다.

그런 증상이 심한 경우에는 대화중에 지성이나 분별을 보이면, 즉 상대방이 자신들의 지성이나 분별을 충분히 감싸고 있지 않았다는 이유로도 그것을 바로 모욕으로 여기게 되는 사람도 있다. 물론 그 당장에는 아직 그 모욕감을 얼굴에 나타내지는 않는다. 그런데 그러한 경우의 미경험자는 나중에,

도대체 어떻게 되어 그 사람의 원한이나 미움을 사게 되었는가를 여러 가지로 생각해 보지만 뾰족한 이유를 찾아낼 수 없다.

한편 그러한 사람들은 잘 구슬리면 마음을 사기도 쉽다. 그러므로 그들의 판단은 대개가 매수된 판단이며, 그가 속하는 당파나 계급을 위한 발언에 지나지 않는다.

객관적이고 공정한 판단이 아니다. 그들의 경우 이러한 것은 의지가 근본적으로 인식을 압도하고 미미한 자성이 모두 의지에 봉사하여 한순간도 의지에서 벗어날 수가 없는 데 기인하는 것이다.

점성술은 주관성을 나타내는 것에 지나지 않는다

모든 것을 자기와 결부시켜 생각하고, 어떠한 사상을 보더라도 거기에서 곧장 자기 자신으로 되돌아가는 불쌍한 인간의 주관성을 크게 입증하는 것으로 점성술이라는 것이 있다. 점성술은 커다란 천체의 운행을 초라한 자아에다 관계시켜, 하늘의 혜성을 지상의 싸움이나 보잘것없는 사건에 결부시키는 것이다.

하지만 이러한 것은 어느 시대에나 행해지고 이미 태고 시대에도 행해졌던 것이다.

불합리는 일시적 현상이므로 절망할 필요는 없다

불합리한 것이 민중 사이에 혹은 사회에서 논의되고 저서가 되어 당당한 위금을 받거나, 적어도 시비의 대상이 되지 않는 일이 있다, 그런 불합리를 접했을 때 절망하여 "결국은 언제까지나 이런 상태일 것"이라고 생각하는 것은 좋지 않다. 그렇게 절망적으로 생각하지 말고, 불합리성은 시간이 흐르면서 점차로 논의되고 재검토되어 대개의 경우 결국은 올바른 판단이 내려지게 되므로, 문제의 어려움에 필적할 만한 시간이 지나면 한 사람의 명석한 두뇌를 가진 사람이 규명한 바를 거의 대부분의 사람이 이해하게 된다는 것을 믿고 자위하는 것이 좋다. 그리고 그때까지는 참아야 한다는 것은 물론이다.

둔한 사람들 사이에 올바른 통찰력을 가진 한 사람이 있다는 것은, 모든 교회의 탑시계가 전부들 틀린 시간을 가리키고 있는 마을에 바른 시계를 가진 사람이 한 명 있는 것과 같다. 그 사람만은 정확한 시간을 알고 있다. 그러나 그것이 무슨 소용이 있으랴. 세상 사람들이 모두 틀린 시간을 보면서 마을의 시계에 맞추어 생활을 하고 있는데……. 심지어는 그 한 사람의 시계만이 바른 시간을 가리키고 있다는 것을 알고 있는 사람들까지도 틀린 시간을 가리키는 마을의 시계에 맞추어 생활을 하고 있는데…….

너무 상냥하거나 누구에게나 관용해서는 안 된다

응석을 받아주며 기르면 버릇이 나빠진다는 점에서, 인간
은 모두 어린아이와 같다. 그러므로 남에게 너무 관대하거나
너무 상냥하게 대해서는 안 된다. 돈을 빌려주지 않아 친구
를 잃는 경우는 없지만, 오히려 돈을 빌려줘 친구를 잃기 쉬
운 법이다. 마찬가지로 조금 업신여기는 듯 거만한 태도로는
친구를 잃지 않지만, 너무 친절이 지나치고 다정하게 대하면
상대가 너무 거만해지고 그 때문에 불화가 생겨 친구를 잃는
수가 많다. 특히 자기야말로 상대방에게 없어서는 안 될 사
람이라고 생각하게 되면 아무래도 가만히 있을 수가 없다.
이쯤 생각하게 되면 벌써 그것에 수반되는 불가분의 결과로
서 거만스러워지고 뻔뻔스러워진다.

곧잘 어울려주고, 자주 말을 건네주고, 내밀한 이야기도 해
준다고 생각되면 벌써 고 한다. 그러므로 어떤 의미로는 어
느 정도 무관한 교제의 상대가 될 만한 사람은 어느 정도 자
기가 상대방에게 필요한 인물이라고 생각을 가지는 사람이
있다. 그렇게 되면 이내 자기가 하는 일도 상대방의 마음에
들 것이라고 생각하여 예의를 무시하려들며, 특히 자신을 굽

히면서 저속한 사람과 사귀지는 말아야 한다. 더구나 어떤 사람이 자기를 필요로 하는 이상으로 내가 상대를 훨씬 더 필요로 하고 있다는 것을 상대방이 생각하도록 만들면 상대는 나에게 무엇을 도적맞은 듯한 생각이 들 것이다. 그래서 그 보복으로 잃은 것을 되찾으려고 할 것이다. 교제상의 우월성은 다른 사람을 조금도 필요로 하지 않는다는 것을 행동에 나타냄으로써 생기는 것이다.

그러므로 상대가 남자든 여자든 간에 그러한 상대가 없어도 얼마든지 해 나갈 수 있다는 것을 때때로 느끼게 하는 것은 현명한 방법일 것이다. 그렇게 하면 우정은 점점 더 굳어진다.

그 뿐 아니라 대부분의 사람들을 향해서는 때로 무시하는 태도를 보이더라도 상관이 없다. 오히려 상대는 그만큼 그 우정을 중히 여기게 된다.

이탈리아 속담에 "남을 존경하지 않는 자는 존경을 받는다."는 것이 있다. 그러나 어떤 사람이 우리에게 대단한 가치가 있는 경우, 그 사람에 대해서는 이러한 것을 마치 범죄처럼 숨겨둘 필요가 있다. 물론 유쾌한 일은 아니지만 이것은 엄연한 진리이다. 개도 너무 다정하게 굴면 얌전하게 있지 않는다. 더구나 사람에 있어서야 말할 것도 없다.

자신을 기준으로 다른 사람을 판단하지 마라

고귀하고 재능이 뛰어난 사람은 인간에 대한 지식과 처세술에 심한 결함이 있음을 곧잘 드러낸다. 그 때문에 속는다든가 잘못 인도되는 수가 많다. 특히 젊은 날에는 그 정도가 심하다. 이와 반대로 천한 사람은 훨씬 빨리, 더구나 교묘하게 세상에 순응할 줄 안다. 그 원인은 경험이 없는 동안은 선천적으로 판단을 내리지 않으면 안 되는데 어떠한 경험도 선천적인 것과는 비할 수가 없기 때문이다.

즉 평범한 사람에게는 이 선천성을 그 자신의 자아가 부여해주지만 고귀하고 뛰어난 사람에게는 그렇지가 않다. 고귀하고 뛰어난 사람이라는 이유로 다른 사람과는 완전히 다르기 때문이다. 그러므로 고귀하고 뛰어난 사람이 자기의 사고와 행위를 기준으로 하여 다른 사람의 사고와 행위를 판단한다면 그 판단은 맞지 않는 것이다.

좋은 후천적 성격이 본성보다 우선이다

사람 성격에는 그대로 맡겨두고 지켜보아도 좋을 성격은 거의 없다.

어떤 성격이라도 개념과 규범에 의한 지도 관리가 필요하다. 그런데 이 관리를 철저히 시켜 타고난 성격이 아닌 순전히 이성적인 깊은 사고에서 생긴, 글자 그대로의 후천적, 인위적 성격을 만들어내기를 바란다면, "본성은 쇠스랑도 깎아내어도 되돌아온다."는 말의 정당함이 곧 실감하게 될 것이다.

양해를 받은 만큼 돌려주라

사람은 자신도 몸무게를 가지고 있으면서도 다른 사람의 몸을 움직이려 할 때와 달리 그 무게를 느끼지 못한다. 이와 같이 사람은 자기 결점이나 악행은 깨닫지 못하고 다른 사람의 결점이나 악행만을 말한다.—그 대신 누구든지 자기의 악행, 결점, 악습, 못마땅함 등을 똑똑히 되비쳐볼 타인이라는 거울이 있다. 그러나 대개의 경우 사람은, 개가 자기 모습인 줄 모르고 다른 개라고 생각하여 거울을 향하여 짖는 것과 비슷한 짓을 한다. 남을 비평한다는 것은 자신을 교정하는 일이기도 하다. 그러므로 다른 사람의 외적 태도, 아니 다른 사람의 일거수일투족에 대해 남몰래 속으로 세심하고 날카로운 비판을 가하는 버릇이 있는 사람은, 그것으로 자기의 교정, 완성에 애쓰고 있는 것이 된다. 입버릇처럼 늘 비난하는 행동을 자기도 피할 만한 정의심, 적어도 그 정도의 자랑스러움과 허영심을 가지고 있을 것이기 때문이다.

관대한 사람은 이것과 반대라고 말할 수 있다. 즉 "어느 정도의 것은 양해를 받고 그 정도는 남에게도 양해를 해준다."
는 것이다. 복음서는 남의 눈에 있는 티와 자기 눈에 있는 티
에 대해 훌륭한 교훈을 전해주고 있다. 그렇지만 눈의 본성
은, 바깥은 보여도 자신은 보이지 않는 것이므로, 자신의 결
점을 깨닫기 위해 같은 결점을 남이 가지고 있음을 알고 그
것을 비난하는 것이야말로 적당한 수단이 된다. 자신을 교정
하려면 거울이 필요하다. 문체라든가 글씨에 대해서도 이 원
칙이 적용된다. 문체나 글씨의 시시함을 비난하지 않고 오히
려 찬양하는 사람은 그것을 모방하게 된다. 그러므로 독일에
서는 아무리 시시한 것일지라도 곧 보급한다. 독일 사람은
아주 관대하고 정형이 나 있다. "어느 정도의 것은 양해를 받
고, 그 정도는 남에게도 양해를 해준다."는 독일 사람의 좌우
명인 것이다.

PART 7

인간관계에 대하여

01

타인의 평가에서
자유로워져라

인간이 끊임없이 노력하는 이유는 무엇일까? 숱한 어려움과 위험을 무릅쓰면서 얻으려는 것은 무엇일까?

그것은 바로 타인으로부터 좋은 평가를 얻고자 함이다. 잘했다는 칭찬을 들으려고, 유능하다는 인정을 받기 위해 대부분 열심히 노력한다. 사회적 지위, 명예, 칭호, 훈장을 받으려는 노력은 물론이고, 재산을 늘리고, 심지어는 학문과 예술에 쏟는 노력까지 그 모든 게 궁극적으로는 사회적 존경을 얻으려는 것이다.

인간이 참으로 얼마나 어리석은 존재인지 알겠는가? 한심하기 짝이 없는 것이 바로 우리 인간이다.

사람을 주어진 역할이나 지위를 보고 판단하지 말라

우수한 부류에 속하는 사람들은 젊을 때에는 본질적, 결정적인 인간관계 및 거기에서 생기는 인간 사이의 연결은 관념적인 연결 즉 이데올로기나 사고방식, 취미, 정신 능력 등의 유사성에 의해서 생기는 연결이라고 생각하고 있다. 그러나 나중에는 그것이 실제적 연결, 즉 어떤 물질적 이해에 기인하는 것임을 깨닫게 된다. 인간의 실제적 연결은 거의 모든 연결의 바탕이 되어 있다. 그뿐 아니라 인간의 반 이상은 그 이외의 관계 따위는 전혀 모르고 있다. 그러므로 사람을 볼 때의 중심은 그의 직무라든가 국적이라든가 일이라든가 가족 등 인습에 의해 주어진 지위나 역할 등이다.

사람은 지위나 역할에 따라 분류되어 마치 생산 공장의 부품처럼 취급된다. 이와 반대로 그 사람 자체의 독특한 면, 즉 인간으로서의 존재, 인격적인 특성에 의한 면은 거의 기분에 따라서 따로따로 화제에 오를 뿐이며 지장이 없는 한 누구나가 대개 이것을 멀리하고 무시한다. 그런데 이러한 면을 중시하면 중시할수록 앞에서 말한 바와 같은 분류 배열이 마음에 들지 않아 그런 방면에서 발을 빼려고 하게 된다. 그렇지만 고난과 욕망이 따르게 마련인 이 세상은 어디에 가든 고난과 욕망에 대처할 수단이 중요하고 압도적인 것이라는 사실에 기초를 둔 것이, 앞에서 말한 분류의 배열인 것이다.

거짓이 없는 참된 우정은 끈끈한 관계를 전제로 한다

은 대신 지폐가 사용되듯 세상에는 참된 우정 대신 존경과 우정의 외적인 과시, 그리고 존경과 우정을 가능한 한 그대로 본 딴 몸짓이 널리 유행하고 있다. 그러나 다른 면으로 볼 때, 실제로 참된 존경과 우정을 받을 만한 가치가 있는 인물이 있을는지 의문이다. 아무튼 나는 그러한 과시나 몸짓보다는 정직한 개가 꼬리를 흔드는 것에 더 많은 의미를 두고 싶다.

거짓이 없는 참된 우정은 다른 사람의 행복과 불행에 대한 이해를 완전히 초월한 객관적으로 강한 관계를 전제로 하고 있다. 그리고 이 관심은 자기가 친구와 진정으로 한 몸이 되는 것을 바탕으로 하고 있다. 그것에는 인간 본성에 갖춰져 있는 이기심이 커다란 방해가 되고 있다. 따라서 참된 우정은 거대한 바다의 괴물처럼 만들어진 이야기든가, 그렇지 않으면 어딘가 실재할 지도 모르는 그러한 종류의 것이다. 물론 인간 사이의 연결 속에는 거의 천차만별의 이기적 동기를 기초로 하지만, 앞서 말한 거짓이 없는 참된 우정이 존재한다는 그런 의미에서는 불완전한 것투성이인 이 세상에서 조금이라도 우정이라고 불릴 만한 근거가 있다고 할 수 있는 관계가 전혀 없지는 않다.

우리들의 선량한 친구가 우리들에 대해 험담을 하고 있다는 것을 알았다면 우리들은 그 대부분의 사람들과는 더 이상 말하지 않게 되리라는 것이 오히려 사람과 사람과의 일상적인 연결의 실태이지만, 팡세서 말한 우정이라고 불리는 관계는 이러한 일상적인 연결을 훨씬 초월하고 있는 것이다.

소원(疎遠)과 장기간의 무소식은 우정에 해롭다

누구도 인정하고 싶어 하지 않는 일이지만 그리도 소원과 장기간의 무소식은 모든 우정에 해로운 것이다. 만나지 않는 사람은 설령 그것이 가장 사랑하는 친구라 할지라도 해가 거듭되는 사이 어느덧 희미해져 추상적 개념으로 변하기 십상이다. 그 때문에 우리들이 보내는 관심은 차츰 기성적인, 오히려 인습적인 관심이 되어 버린다. 마음속으로부터 느끼는 강렬한 관심은, 우리들이 사랑하는 동물에 지나지 않더라도, 아무튼 눈앞에 있는 것에 관심이 간다. 이처럼 인간의 본성은 감각적이다. 여기에서도 괴테의 말이 이것을 증명한다.

적(敵)은 가상의 친구

가상의 친구라는 말이 있다. 이러한 친구는 주인의 친구라기보다 오히려 가상의 친구이다.

친구들은 자신을 솔직하다고 말한다. 그러나 사실은 다소 솔직한 것에 지나지 않는다. 그러므로 적에 대한 비난은 입에 쓴 약으로서 자신을 아는 데 쓰는 것이 좋다. 그럼 고난을 함께 할 친구는 드물다는 말인가?

천만의 말씀! 어떤 사람과 친구가 되면 이내 그 사람도 고난에 빠져 돈을 빌려달라고 한다.

그대는 친구들에게 인기를 얻을 정도의 장점이 있는가?

지성이나 분별을 보이는 것이 사교계에서 인기를 얻는 방법이라고 생각하는 사람이 있다면 그는 아직 풋내기다. 그 반대로 지성이나 분별을 보임으로써 미움과 원망을 사는 것이 많은 사람의 경우이다. 미움이나 원망을 품는 사람에게는 그 원인이 된 지성이나 분별을 비난할 자격이 없고, 게다가 상대방의 지성이나 분별을 못 본 척하는 만큼 미움이나 원망도 강한 것이다. 일이 이렇게까지 되는 까닭은 다음과 같다. 사람은 이야기 상대가 되는 사람이 정신적으로 크게 뛰어나 있음을 깨닫고 그것을 느끼게 되면 상대방도 또한 그만큼 자신이 열등하고 저속함을 깨닫고 그것을 느낄 것이라고 명료하게는 의식하지 않더라도 그 모르게 짐작하는 것이다. 이 간단한 추론에 의하여 더 없이 강렬한 미움, 원망, 노여움이 일어나는 것이다.

그러므로 스페인의 소설가인 그라시안은 "인기를 얻는 유일한 수단은 동물 중에서 가장 어리석은 동물의 가죽을 입는 것"이라고 말한다. 지성이나 분별을 보이는 것은 모든 사람을 향해 간접적으로 그들의 무능과 우둔함을 비난하는 것이 되기 때문이다. 거기에다 또 비열한 사람은, 자기와 반대로 우수한 사람을 보면 가만히 있지 못한다. 질투가 은근히 일어난 것이다. 왜냐하면 허영심의 만족이라는 것이, 세상 사람들에게는 우선하는 향락인데 이 향락은 자기를 남과 비교해 봄으로써 비로소 얻을 수 있는 것이기 때문이다. 그런데 인간은 어떠한 장점보다도 정신적인 장점을 자랑으로 하는 것이다. 인간이 동물보다 뛰어나다는 것은 무엇보다도 정신적인 장점이 있기 때문이다.

02

친구에게 더욱
성실함을 보여라

우리들이 남에게 일을 부탁하는 경우 태만과 이기심과 허영심이 작용하는 수가 가장 많다. 스스로 검토하고 감시하고 실행하기를 피하기 위해 오히려 남에게 부탁하는 경우에는 태만이 작용하고 있다.

자기의 용건을 이야기하고 싶은 욕구에서 남에게 무엇을 부탁하는 경우에는 이기심이 작용하고 있다. 그러면서도 위엄에 대해 상대방이 경의를 표시하기를 요구하고 있다.

이와 반대로 남이 일을 부탁하지 않는다고 화를 내서는 안 된다.

일을 부탁하지 않는 진의는 성실을 중시하는 마음에서이며, 성실이라는 것이 극히 드물어 과연 성실이라는 것의 실재성조차 의심스럽다는 것의 솔직한 표현이기 때문이다.

계속 사귈까? 헤어질까

현재 사귀고 있는 사람 혹은 곧 교제할지 모르는 상대가 불쾌한 언동이나 비위에 거슬리는 태도를 보였다면 어떻게 해야 할까?

그 사람이 앞으로 또 다시 그런 태도를 보였을 때도 참아도 좋을 만큼 가치가 있는지 곰곰이 따져 보도록 하자.

예의란 서로의 성질에 대해서 따지지 않는 것

중국 사람의 미덕이라고 할 예의에 대해서 말한 근거 중 하나를 이미 나의 책 <윤리학>에서 설명하였다.

또 다른 하나의 근거를 들자면 다음과 같다.

예의란 도덕적으로나 지성적으로도 빈약한 서로의 성질을 서로 못 본 척하고 이것을 서로 까다롭게 따지지 않도록 하자는 암묵의 협정인 것이다.

이 협정에 의해 그러한 성질의 표출이 다소나마 어려워져 당사자 간 이익이 되는 것이다.

행동을 할 때 독창성 있게 하라

자기 행동을 남에게 본보기로 삼으라고 해서는 안 된다. 상황, 환경, 사정 등이 결코 같지 않는 한 성격의 차이가 행동을 다르게 나타나게 하기 때문이다. 그러므로 두 사람이 같은 행동을 해도 같지가 않다. 따라서 깊이 생각하고 돌아본 후에 자기의 성격에 맞는 행동을 취해야 한다. 또한 실천에 있어서도 독창성이 없어서는 안 된다. 그렇지 않다면 그가 하는 일은 그 사람답지가 않을 것이다.

남의 의견을 반박하지 않는 것이 좋다

다른 사람이 믿고 있는 불합리를 일일이 설득하여 그만두게 하려고 생각한다면, 므두셀라(구약 성경에 나오는 인물)만큼 나이를 먹어도 결말이 나지 않을 것이라는 사실을 잘 생각해 보라. 설령 호의에서일지라도 대화를 할 때 남을 바꾸려는 의미가 담긴 말은 되도록 삼가는 것이 좋다. 남을 바꾸는 것은 불가능하지는 않더라도 대단히 어렵고 감정을 상하게 하기 쉽기 때문이다.

불합리한 것을 서로 이야기하고 있는 것을 듣게 되어 화가 치밀어오를 것 같으면, 그것은 두 명의 어릿광대가 연출하는 희극의 장면이라고 상상할 필요가 있다. 그렇게 하면 즉각

효과가 난다. 사람이 아무런 상처도 입지 않는다면 그 사람
은 행복하다고 말해도 좋을 것이다.

03

말할 때 화가 나도
냉정함을 잃지 말라

　자기 판단을 남이 믿어주기를 바란다면, 흥분하지 말고 냉
정하게 말해야 한다. 그렇게 하지 않으면 -감정의 격렬함은
모두 의지에서 비롯되는 것이므로- 상대방은 이쪽의 판단
을 본래 냉정해야 할 인식에 기인하는 것이라고 생각지 않고
의지에 기인하는 것이라고 생각할 것이다. 즉 근본적인 것은
사람의 의지다. 이에 반하여 인식은 2차적인 것, 부가된 것
에 지나지 않으므로 상대방은 의지의 흥분이 다만 판단에서
생겼다고 여기기보다는 판단이 흥분한 의지에서 생긴 것이라
고 생각할 것이다.

뒷맛이 씁쓸한 자화자찬은 금물이다

아무리 그럴듯한 이유가 있더라도 자화자찬의 유혹에 빠져서는 안 된다. 왜냐하면 허영심은 아주 흔한 것인데 반하여, 자화자찬할 만큼의 정적은 드문 것이므로, 설령 간접적으로라도 자화자찬하는 모습을 보면 남들은 허영심에서 그렇게 말하고 있는 것이라고 생각할 것이고, 어리석음을 통찰할 만한 분별이 없는 짓이라고 여길 것이기 때문이다. 따라서 프란시스 베이컨이 "언제까지나 뒷맛이 남는 것은 비방뿐 아니라, 자화자찬에 있어서도 마찬가지다."라고 말하며, 그러한 의미에서 자화자찬을 적당히 할 것을 권하고 있는 것은 전혀 부당한 것도 아니다.

사실을 상대가 털어놓게 하라

거짓말을 하고 있다는 의혹을 느꼈을 때는 그것을 믿는 척하라. 그러면 상대방은 대담해져서 점점 더 거짓말을 하여 결국에 가서는 그 가면을 벗게 된다. 이와 반대로 상대방이 숨기고자 하는 진상의 일부를 무의식중에 말하는 것을 들었을 때는, 그 점은 믿을 수 없다는 듯 행동하여, 상대방이 이쪽의 반박에 움찔하여 모든 진상의 이면을 다 털어놓게끔 만들어라.

자신의 일은 비밀로 하라

자신의 일은 비밀로 해두는 것이 좋다. 친한 친구에게조차 도 그 사람이 눈으로 봐서 아는 일 이외에는 아무것도 알지 못하도록 해야 한다.

아무리 사소한 일이라도 그것이 알려졌기 때문에 불리해질 수가, 때와 장소에 따라 생기기 때문이다. 대체로 같은 분별 을 보이는 데도 자기가 말한 일로 보이기보다는 자기가 말하 지 않았던 일로 보이는 편이 낫다. 후자는 두뇌에 문제이며 전자는 허영심의 문제이다. 어느 쪽 기회도 동등하게 있다.

그러나 우리들은 후자가 초래하는 지속적인 이익보다도 전 자가 주는 일시적인 만족을 더 낫다고 여기는 수가 많다. 더 구나 때로는 한 마디쯤 소리 내어 독백을 하면 가슴이 후련 해질 수가 있다.

이런 일은 활발한 사람에게서 곧잘 볼 수 있는데 버릇이 되 면 안 되므로 그것을 자제하는 것이 좋다. 그런 일을 자주 하면 생각이 언어와 친해져서 다른 사람과의 대화에서도 어느덧 독백을 하면서 무엇을 생각하는 형태로 변해가기 때문이다.

그러므로 바람직한 방법은 생각과 대화와의 사이에 커다란 간격을 벌려두는 것이 필요한 것이다.

대화할 때는 정중한 몸짓과 다정한 목소리로 하라

"억양을 붙이지 않고 이야기한다."는 사교가에서 중히 여기던 옛날 원칙은 자기가 말한 것의 판별을 남의 분별에 맡기는 데 목적이 있다. 분별의 활동은 느리다. 그러므로 분별의 활동이 끝나기 전에 일은 해결되어 버린다. 이와 반대로 "억양을 붙여서 말한다."는 것은 감정에게 이야기하는 것이 된다. 그렇게 되면 일반적으로 모든 것이 정반대의 결과가 된다. 상대에 따라서는 정중한 몸짓과 다정한 목소리로 대하기만 하면 정말로 모욕적인 것을 말해도 직접적인 위험은 없다.

세상사는 누구에게나 동일하다

사람의 생활은 어떠한 형태로 영위하든, 초가삼간에서 하든, 궁중에서 생활하든, 수도원에서 지내든 혹은 군대에서 지내든 결국 같은 내용이다. 따라서 대체로 어디에서든 같은 생활이라는 것이다. 생활상의 일이나 돌발 사건이나 행운, 불운은 그것이 아무리 다양하더라도 실제는 과자와 같은 것이다. 실로 다양한 모양의 과자가 여러 가지로 많다. 그러나 모두가 다 같은 원료를 반죽하여 만든 것이다. 어떤 사람이 당하는 일은 그 사람이 이야기하는 것을 듣고서 다른 사람이 상상하는 이상으로, 일찍이 그 다른 사람이 당한 일과 너무나 닮아 있는 법이다. 또 인생에서 일어나는 일은 요지경 속에 비치는 그림과도 같은 것이다. 돌릴 때마다 다른 것이 보이시만 실은 눈앞에 있는 것과 결국 같은 것이다.

말은 생각과 사상의 표현이다

우리는 불행한 존재로 이 세상에 태어났다. 그렇기 때문에 마치 굶주림에 빠진 짐승처럼 신의 도움과 위안을 필요로 하고 있다.

사람들은 전혀 예상하지 못했던 위험이 다가오면 자기가 신봉하고 있는 영혼의 세계를 향해 귀중한 시간과 소중한 정신을 기도나 제물을 바치는 일에 소비한다. 그렇게 하는 것만이 유일한 방법이라고 생각하면서 다른 해결책은 돌아보지도 않는다.

어떤 상황을 만나도 그 상황은 새로운 상태에서 다가온다

어떤 상황을 만날 때마다 이것이 최초의 경험이라고 생각하라. 왜냐하면 그 상황들은 모두 새로운 상태에서 다가오기 때문이다. 언제나 그 점을 잊지 말아야 한다.

어떤 사람이 죄악을 저지르려고 했다면 그는 벌써 순수한 의미에서 덕을 어긴 것이다. 설사 죄악을 범하지 않았다고 해도 사정은 달라지지 않는다.

결과보다 동기가 우선이기 때문이다. 만약 그가 죄악을 저지르지 않았다면 그것은 종교적 양심 때문이다.

종교를 비난하지 말라

종교가 진리의 깨달음을 가로막고 인류의 발전을 억제하는 일이 있다고 하더라도 종교에 대한 비난은 삼가야 한다.

그러나 괴테나 셰익스피어와 같은 위대한 정신의 소유자에게 어떤 종교의 교리를 문자 그대로 믿으라고 요구한다면 그것은 마치 거인에게 작은 구두를 신으라고 강요하는 것과 같다.

모든 종교는 철학에 앞서려는 경향이 있다. 철학자는 종교를 하나의 필요악이나 대다수 인간의 빈약하고 병적인 정신을 돕기 위한 지팡이로 인정하면서도 종교와 투쟁한다.

그런데 신을 옹호하는 권력자들은 신이라는 관념보다는 자신의 이익과 편의 때문에 종교를 강요하는 경우가 많다.

04

위선과 거짓의
장벽을 넘어라

우리는 언제나 정직하게 행동해야 한다. 그러나 그것은 그렇게 쉬운 일이 아니다. 도처에서 위선과 거짓이 우리의 앞을 가로막고 있는 것이다.

위선과 거짓의 장벽을 넘어서는 것은 어려운 일이지만 그것이 가능할 때, 비로소 우리는 믿음과 사랑을 만날 수 있다.

세상의 신비로움은 어디에서나 발견할 수 있다

광대한 우주나 신체의 가장 작은 부분에서 뿐만 아니라 서로 맺고 있는 모든 관계 속에서도 우리는 경이로움을 느낄 수 있다.

자신을 낮추고 겸손하라

자신을 낮추면서 겸손하게 살아간다면 우리에게 사랑과 존경이 찾아오는 것은 시간문제라고 할 수 있다. 자신의 존재를 낮추면서 살아간다는 것은 세상을 객관적인 시선으로 바라볼 때 가능한 일이다. 그러나 대부분의 사람들은 자신의 주관이 강하기 때문에 근본적으로 자기 자신 이외에는 별로 관심이 없다.

대부분의 사람들은 자신과 조금이라도 관련이 있는 사건이라면 모든 주의를 사건에 기울인다. 그러나 객관적으로 판단할 일이 생기면 그런 일을 처리할 수 있는 능력이 없기 때문에 아무런 관심도 없다는 듯이 행동한다. 그들은 자신의 이익에 도움이 되지 않는 일이라면 철저히 무시해 버린다. 그들의 정신은 산만하고 작은 일에도 상처를 입기 쉽다.

다른 사람에 대한 불신은 자신이 정직하지 못하다는 증거

다른 사람을 신뢰하지 못한다는 것은 자기 자신이 정직하지 못하다는 사실을 증명하는 것이다. 그대가 지금 하고 있는 행동은 나중에 수확하게 될 씨앗과 같다. 지금 하는 행동은 곧 대가를 받게 된다.

우리는 다른 사람의 자아와 지속적인 관계를 가지면서 서로를 이해할 수 있게 된다.

나는 그대를 그리고 그대는 나의 생각을 이해할 수 있게 되는 것이다. 그런 관계 속에서 우리는 자신의 진정한 모습을 보게 될 것이다.

본질적이고 불가피한 고통의 원천은 바로 전쟁

사람은 자기가 소유하고 싶은 것을 다른 사람으로부터 빼앗으려고 한다. 심지어 자기의 행복을 위해 다른 사람의 행복과 재산을 모조리 파괴하는 사람도 있다.

이러한 이기주의자는 아무런 이득을 얻지 못하면서도 다른 사람을 괴롭히고 피해를 입히려고 한다.

본질적이고 불가피한 고통의 원천은 바로 전쟁이다. 현실에서 전쟁의 형태는 아주 참혹하고 다양한 모습으로 나타나는데 그것은 우리에게 삶에 대한 의지가 본능적으로 깃들어 있기 때문이다.

이러한 본성을 내재하고 있기 때문에 우리는 도덕적이나 사회적으로 고통에 저항할 수 있는 여러 가지 방법을 간구한다. 하지만 고통은 좀처럼 사라지지 않는다.

마음에서 우러나는 존경은 지위와 무관하다

대부분의 사람들은 자신의 지위를 대단히 중요한 것으로 생각한다. 지위는 사회적인 기관을 운영하는 일에 있어서는 매우 효율적이다.

그러나 지위는 인습적인 가치이기 때문에 가식적인 면이 많다. 따라서 어떤 위치에 있는 사람을 존경하는 것은 가능하지만 그것이 꼭 진정한 존경일 수는 없다.

마음에서 우러나오는 존경은 지위에 의해 결정되는 것이 아니다.

지위에 의존해서 자신의 자존심을 세우려고 한다면 그것은 한편의 희극에 불과하다.

명예는 어떻게 싹트나?

명예는 누구나 그 가치를 인정하고 존중한다. 우리는 자신이 사회의 유용한 일원이며 당당한 인격을 갖추고 공동생활에 참여할 수 있다는 인정을 받기 위해 노력한다. 우리는 사회가 요구하는 일을 훌륭하게 처리하는 과정을 통해 한 구성원으로 인정을 받는다.

그런 과정 속에서 다른 사람의 인정을 받는 것이 중요하다는 사실을 알게 된다. 명예는 그렇게 싹트는 것이다.

내 영혼의 버팀대는 나의 의지와 결심

내 영혼의 버팀대가 될 수 있는 것은 나의 의지와 결심이다. 그 사실을 알고 있다면 나는 행운을 안고 있는 사람이다.

과거와 화해할 수 없다면 안정과 성장은 기대할 수 없다.

과거의 상처나 갈등이 우리를 괴롭힌다면 그것을 받아들이고 용서하라. 그리하여 그것이 스스로 사라지도록 하라.

인간관계는 너무 깊지 않게

내면의 가치가 큰 사람이 지금의 자유를 지켜내고, 나이가 더 많은 자유를 확보하려면 상황에 맞게 자신의 욕구를 제한할 수밖에 없다. 그것만이 현명한 선택이다. 살다 보면 사람들과 얼키설키 맺어져서 관계가 복잡해지는 게 당연하지만, 너무 깊은 관계는 줄이는 게 좋다.

PART 8

선택에 대하여

01

인생의 일부인
하루를 위한 최선의
선택을 하라

    우리 앞에 펼쳐진 하루하루는 새롭고 신선하다. 그 시간들
은 우리가 지금 당장 자신을 위해 사용할 수 있는 시간이다.
우리는 깨끗하고 순수한 마음으로 그 시간을 맞이할 수도 있
으며 과거의 상처와 원한, 두려움으로 하루를 보낼 수도 있
다. 그 선택은 바로 우리가 하는 것이다.

    살아가면서 우리는 수많은 선택을 한다. 그러나 우리는 그
선택의 순간들을 일상화된 관습에 포함시켜서 습관에 따라
행동해 버리고 만다.

    그러나 생각해 보라. 지금 당신에게 벌어지고 있는 일들이

얼마나 많은 선택에 의해 이루어지고 있는가를.

아침을 소중히 여긴다

아침은 정신적이건, 육체적이건, 무엇인가를 하기엔 예외 없이 적합한 시간이다. 하루를 인생에 비유한다면 아침은 청춘시대이다. 모든 것이 활기차고, 상쾌하며, 무엇을 해도 잘 풀린다. 의욕이 넘쳐 능력을 최대한 발휘할 수 있는 시간대가 바로 아침이다. 이 귀중한 시간을 늦잠으로 낭비하거나, 하찮은 일 또는 잡담으로 허비해서는 안 된다. 인생의 핵심이자 신성한 존재인 아침을 소중히 여겨라.

욕망과 양심 중 어느 쪽을 선택할 것인가?

인생을 살아가는 동안 우리는 성직자, 군인, 의사, 변호사, 철학자 등의 직업을 가진 사람들을 무수히 만난다. 그러나 그들의 이런 외적인 요소가 그들의 참모습은 아니다.

직업은 가면에 불과하다. 그리고 그 가면 뒤에는 현실에 대한 욕망과 참 모습이 깃들어 있다. 사람들이 가면을 쓰고 살아간다는 사실을 깨닫는 것은 무척 중요하다. 그 사실을 깨닫지 못하면 우리는 혼란의 소용돌이에 빠져서 허우적거릴 것이다.

욕망은 항상 앞으로 나가려고 하는데 양심은 뒤로 물러나라고 한다. 누구나 이 점을 마음에 깊이 새겨 놓아야 한다. 양심의 길은 곧게 이어지고 있지만 욕망의 길은 복잡하게 뒤얽혀 있다. 욕망과 양심 중에서 어느 쪽을 따라갈 것인가?

어느 누구도 고통을 피하면서 살아갈 수는 없다

사막에서 고독하게 혼자 성장한 두 사람이 처음으로 대면하게 되었을 때, 그들은 어떻게 행동할 것인가?

이 문제에 대해 홉즈와 후펜도르프 그리고 루소는 전혀 상반된 의견을 제시했다.

홉즈는 두 사람이 서로 적대시하게 될 거라고 대답했으며 후펜도르프는 우호적으로 다가설 거라고 주장했다. 그리고 루소는 그들은 서로 아무런 말도 하지 않고 그대로 지나칠 거라고 말했다. 이들 세 사람의 의견은 모두 어떤 의미에서 정당하다. 왜냐하면 그것은 사막에서 대면한 두 사람의 성격이 어떤가에 따라 결과가 다를 수 있기 때문이다.

사막은 우리의 성격을 측정할 수 있는 적절한 장소가 될 수 있다. 다른 사람을 대할 때 "저 사람은 내가 아니다."라는 생각을 하고 있으면 그 사람에게 적의를 품게 될 것이고 "또 하나의 내가 다가오고 있다."라는 생각을 하고 있으면 친절하게 대할 것이다. 그리고 상대방이 "저 사람은 아무것도 아니야."라는 생각을 하고 있으면 그 사람을 철저히 무시하는 것은 쉬운 일이다.

삶은 광범위한 영역에서 이루어지고 있다

우리의 삶은 매우 광범위한 영역에서 이루어지고 있다. 우리가 살아가는 일상의 범위는 수많은 사람들의 삶과 밀접하게 연관되어 있으며 모든 행동 속에는 사회적인 의미가 깃들어 있다.

연필을 다듬거나 향기로운 차를 끓이기 위해 주전자를 준비하는 사소한 일에도 사회적인 의미는 숨어 있다.

나와 사회는 서로 영향을 주고받는다

우리는 사회 속에서 나의 인생을 변화시킬 수도 있으며 다른 사람에게 영향을 미칠 수도 있다.

나와 사회는 서로 영향을 주고받는 사이라는 사실을 잊어버리지 마라.

조심성과 관대함을 지녀라

세상을 지혜롭게 살아가고자 한다면 조심성과 관대함을 지니도록 하라. 손해나 손실로부터 몸을 지키는 일에는 조심성이, 싸움이나 분쟁에 말려들지 않기 위해서는 관대함이 필요하기 때문이다.

우리는 어떤 경우에도 사회 속에서 살아갈 수밖에 없다. 최악의 상황이 벌어진다고 하더라도 다른 사람의 개성을 있는 그대로 받아들일 수 있는 도량이 필요하다. 우리가 아무리 노력해도 그 사람의 도덕적 성품이나 생각, 기질 등은 결코 변하지 않는다.

그 사람을 있는 그대로 인정하라. 우리가 어떤 사람의 개성을 비난하는 것은 상대방이 누릴 수 있는 생존의 기회를 인정하지 않는 것과 같다.

명예는 객관적으로는 나의 가치에 대한 다른 사람의 의견이며 주관적으로는 그 의견에 대한 나의 존중이다.

02

모든 것을 남에게
주었을 때
더욱 풍부해진다

　사회는 우리 모두에게 동일한 예의범절을 강요한다. 사회의 관습은 천성이 어리석은 사람들에게 편리하지만 뛰어난 지성을 타고난 소수의 사람들에게는 불편하다.

　정신적으로 탁월한 사람들은 사회를 외면하게 되는데 그것은 그들이 다른 사람들의 능력과 공적에 있어서 커다란 차이가 있음에도 불구하고 사회는 그들에게 동등한 권리와 의무를 강요하기 때문이다.

　사교적인 모임에서 뛰어난 면모를 보이는 사람이 있다면 그는 대다수의 사람들로부터 질투와 반감을 사게 된다.

평범한 사람들만이 사교적인 모임에서 만족을 얻는다.

나를 다른 사람의 처지에 놓아 보면 남에게 느끼는 질투나 증오기 모두 없어질 것이다.

또 다른 사람을 나의 입장에서 생각하면 거만이나 허영심이 많이 줄어들 것이다.

사교와 지혜 사이의 좁은 길을 용기 있게 걸어라

청년기에 우리는 사교에 대한 강렬한 충동을 느낀다. 이 시기에는 동등한 사람들과의 접촉과 갈등을 통해 보다 많은 경험을 할 수 있다. 타인을 통해 도움을 주거나 위로를 받기도 하며 다툼을 통해 고통을 경험하기도 한다. 그러나 이러한 사교가 지혜로 들어가는 길을 막아서는 안 된다.

사교는 우리에게 공허를 주지만 한편으로는 다른 사람과 더불어 살아가는 방법을 제시한다. 그러나 그것이 반드시 올바른 지혜일 수는 없다. 다른 모든 사람들이 올바르다고 하는 진리도 진리가 아닐 때가 있음을 기억하라.

무엇을 선택할 때 이성이라는 판단의 기준을 잊지 말라

산책을 하지 않고 오직 집에서만 지내다 보면 육체적인 저항력이 낮아지면서 잔병이 쉽게 찾아온다. 마찬가지로 지나친 고독은 정신을 예민하게 만든다.

일상적인 생활에 익숙한 사람에게는 아무렇지도 않은 사소한 언행이나 행동을 불쾌하거나 모욕적으로 받아들일 수도 있다. 이런 기분을 느끼게 되면 고독한 생활에 익숙한 사람은 사회생활에 적응하기가 더욱 어렵게 된다.

인간은 사회적 동물이며 혼자 살아갈 수 없는 유기체이다. 고독과 타인과의 만남을 동시에 만족시킨다는 것은 무척 어려운 일이다.

그러나 인간에게는 이성이라는 판단의 기둥이 있음을 잊지 마라. 고독을 느끼는 것도 중요하지만 사회생활의 긴장과 균형을 잃지 않는 것 역시 중요하다.

중용은 아무리 강조해도 지나친 말이 아니다.

아름다움은 우리에게 행복을 안겨 주는 직접적인 요소가 아니지만 간접적인 요소는 될 수 있다.

아름다움은 다른 사람의 마음을 끌어당길 수 있는 일종의 추천서와 같다.

예절은 우리 모두에게 이득을 준다

예절을 지키는 것은 지혜로운 일이며 예절을 무시하는 것은 어리석은 일이다. 세상은 혼자서는 살아갈 수 없기 때문이다. 만약 그대가 아무런 이유도 없이 마음대로 행동하면서 자신의 적을 만든다면 기름을 들고 불 속으로 뛰어드는 사람과 같다.

예절은 위조지폐와 비슷하다. 위조지폐를 아낀다는 것은 미련한 행동일 수밖에 없다. 위조지폐를 아끼는 것처럼 예절을 절제하는 것은 한심한 일이다.

서로의 이익을 위해서 나누고 베풀어야 한다

세상을 살아가는 동안 우리는 때때로 많은 어려움과 마주친다. 그 어려운 순간을 혼자 견디기 힘들 때 우리는 다른 사람에게 자신의 어려움을 호소하고 도움을 요청한다. 다른 사람들이 우리의 어려운 사정을 알아주기를 원하는 것이다.

그러나 대부분의 사람들은 어려움을 호소하는 사람의 사정은 돌보지 않고 자신의 감정에만 이끌려 마구 떠들고 있다.

우리는 자연에서 태어났다. 그러므로 우리는 자연에 속해 있으며 자연의 일부분이다. 모두 근원이 같기 때문에 그대에게 유익한 일이 다른 사람에게도 유익한 것은 당연한 일이다.

명심하라, 서로의 이익을 위해 다투기보다는 서로 나누고 베풀어야 한다는 사실을.

우리는 점차 성장하면서 현실의 세계와 친숙해지기 위해 노력한다. 그리고 이러한 과정을 통해 현실의 참된 모습을 깨닫는다. 이

것이 바로 교육의 목적이다.

인생의 확고한 목표를 세워라

인생의 확고한 목적이 있다면 우리는 우리의 일에 간섭하는 사람의 비난이나 칭찬에 신경 쓰지 않고 오직 목적을 향해 앞으로 나아갈 수 있다.

자기 자신에게 그리고 다른 사람에게 적극적이고 긍정적인 자세를 보이는 것은 살아가는 일에 엄청난 힘을 발휘한다.

부정적인 판단을 적극적인 사고로 바꾼다면 우리의 인생은 긍정적인 결과를 보증한다.

자신의 인격은 자신이 책임져라

사람은 모두 독자적인 방식으로 책임 있게 살아가는 존재이다. 개인의 인격이나 성품은 다른 누구도 아닌 자신 안에서 태어나는 것이다 인격뿐만 아니라 다른 면의 수준에서도 '그렇고 그런'수준에 그치는 사람은 무가치한 사람이라 말한다.

노력의 목표를 궁극적인 것으로 삼아라

노력은 상상력이 그려내는 영상이 아니라 명철한 사고를

거친 개념을 그 궁극적인 목표로 삼아야 한다. 그러나 대개
는 그 반대로 행해지고 있다. 자세히 검토를 해보면 일을 결
정하는 경우에 마지막 결정을 내리는 것은 개념이나 판단
이 아니라 상상력이 그려낸 영상이다. 볼테르의 장편소설이
었는지 디드로(프랑스 계몽기의 철학자)의 장편소설이었는
지 잘 생각나지 않지만, 주인공인 청년이 인생의 기로에 서
서 도덕에 대해 생각할 때, 언제나 그의 스승이었던 늙은 가
정교사가 왼손에 담배쌈지를, 오른손에 한줌의 냄새 맡는 담
배를 쥐고서 도덕을 설파하는 모습이 그의 눈에 떠오르는 한
편, 죄악은 어머니의 시녀의 모습으로 떠올랐던 것이다. 특
히 젊은 날에는 행복의 목표가 눈앞에 어른거리는 영상으로
고정되어, 이 영상이 반평생이나 일생 동안 변하지 않을 수
가 많다. 이러한 영상은 결국 우리들을 우롱하는 요괴인 것
이다. 그 증거로는 닿았다고 생각하면 어느덧 흔적도 없이
사라져 버리고 없는 것이다. 즉 우리들은 상상이 약속을 하
나도 지켜주지 않는다는 것을 경험하게 된다.

가정생활, 시민생활, 사회생활, 전원생활의 각 장면, 주택,
환경, 훈장, 경계 등의 영상은 모두 이러한 종류이다. "어릿
광대에게는 각자 좋아하는 모자가 있다." 애인의 모습도 이
러한 종류가 많다. 우리가 이러한 경로를 거치는 것도 아마

도 자연스러운 과정일 것이다. 직관적인 것은 직접적이라고 할 수 있으므로 개념처럼 추상적인 사상보다는 의지에 직접적인 작용을 한다. 개개의 것에는 현실성이 포함되어 있는데, 개념 즉 추상적인 사상은 개개의 것을 제외하고 일반적인 것만을 제시할 뿐이므로 의지에 간접적 작용만을 할 수 있다. 그렇지만 말을 지키는 것은 개념뿐이므로, 개념만을 신뢰하는 것이 교양이라는 것이다. 그러나 개념이 때로는 여러 날의 형상에 의하여 예증, 설명 되어야 한다는 것은 물론이다.

나이에 걸맞게 무리하지 말라

산화칼슘과 인공적인 열로 식물의 성장을 촉진하면 며칠 안에 잎이 나오고 꽃이 피며 과일까지 달릴 수는 있다. 하지만 그 나무는 곧 말라죽고 마찬가지로 삼십대가 되어야 쉽게 할 수 있는 일을 십대 때 덤빈다면 몇 주 지나지 않아 건강을 해치기 쉽다. 본인이 원한다면 세월은 얼마든지 '가불'을 해주겠지만 그 이자를 갚으려면 수년간 값비싼 체력과 생명을 지불해야 한다.

03

그대가 걸어갈
길은 스스로
선택하라

약간 떨어진 곳에서 그림을 바라보면 매우 아름답게 보인다. 하지만 아주 가까운 거리에서 그림을 바라보면 실망하게 되는 경우가 있다. 그런 경우는 그림이 무질서하고 때로는 추하게까지 보이는 물감들이 마구 칠해져 있는 것이기 때문이다.

어떤 일을 실행하는 과정 속에서도 우리는 이러한 일을 경험한다. 우리는 때때로 진행하던 일이 마무리 단계에서 처음 생각했던 것과 전혀 다른 식으로 결과를 맺는 것을 보고 당황하곤 한다.

그대가 걸어갈 길은 스스로 선택하라. 그리고 그대의 영혼이 보다 창조적으로 고양될 수 있는 그런 경험을 쌓도록 노력하라.

그대에게 주어진 기회를 놓치지 않고 효과적으로 이용하는 것이 지혜로운 삶의 방식이다. 왜냐하면 사색의 도움을 통해서 현실의 모습을 충분히 이해할 수 있기 때문이다.

강렬하고 지속적이며 열정적인 영혼을 지니고 있을 때, 우리는 영원한 아름다움을 간직할 수 있다.

독서는 사색보다 못하다

독서에서 얻을 수 있는 사상은 아무리 고귀한 것이라고 해도 그대의 사색에서 우러나오는 지식보다는 못하다. 이것은 마치 그대의 정신 속에서 불타고 있는 사상과 책에서 읽은 다른 사람의 사상을 비교하는 것과 같다.

생명력이 있는 꽃은 아름다움과 향기가 있지만 화석이 된 꽃은 아무리 아름다운 꽃이라고 해도 향기를 풍기지 않는다.

사상가와 단순한 학자의 차이

다른 사람으로부터 배워서 얻은 지식은 우리의 내부로 흡수되지 못한다. 그런 지식은 우리의 머릿속에서 기억될 뿐 우리의 본질과 쉽게 어울리지 않는다. 그것은 마치 물로 빵을 만드는 것과 같다. 억지로 만든 인위적인 형태는 자연스럽지 못하다.

그러나 스스로 사색하는 과정을 통해 얻은 지식은 살아 있는 우리의 몸에 비유할 수 있다. 사상가와 단순한 학자의 차이도 바로 여기에서 유래한다. 스스로 사색하는 사람의 글은 정확한 빛과 그림자의 배합, 부드러운 그림이 되지만 단순한 학자의 글은 약동하는 정신이 결여되어 있는 팔레트가 된다.

색조가 생생하게 살아 움직이는 아름다운 그림이 될 것인가, 아니면 모든 색들이 마구 혼합되어 있는 팔레트가 될 것인가, 그것은 그대가 스스로 선택할 일이다.

사색은 열린 마음과 자유로운 정신에서 나온다

사색이 정신에 미치는 영향과 독서가 정신에 미치는 영향 사이에는 커다란 차이가 있다.

독서는 우리가 순간적으로 품게 되는 생각과 거리가 멀 때가 많다. 독서는 성질이 다른 사상을 도장 찍듯이 강제로 정신에 찍어 주는 작업이라고 할 수 있다. 이렇게 되면 정신은 외부로부터 사색의 주제를 강요받게 된다. 그 주제에 대해 아무런 관심이나 흥미를 가지고 있지 않아도 그렇게 되는 것이다.

강요된 사색은 우리의 정신에 아무런 도움을 주지 못한다. 흥미도 없는 문제를 독서에 의해 의식하게 되고 그 지식을 정신에 주입시킨다고 해서 그것이 두뇌에 기억된다고 생각하는 것은 어리석다. 그것들은 두뇌의 표피에서 머물다가 곧 사라지게 된다. 강요는 거부감을 동반하기 때문이다. 그러나 사색은 다르다.

스스로의 의지로 문제의식을 느끼고 그것에 대해 자신의 진리를 모색하는 것은 새로운 지혜를 터득하는 열쇠가 될 수 있다. 사색은 열린 마음과 자유로운 정신에서 비롯된다.

충동에 따라 움직이는 사색

사색은 외부에서 일어나는 사건들에 의해 속박을 당하지만 독서와 달리 자신의 충동에 따라 움직인다. 눈에 보이는 세계는 그 사람의 성격에 맞는 사색을 하기 위한 소재와 기회가 된다.

너무 많은 양을 한꺼번에 읽는 것은 자칫하면 정신의 탄력성을 잃어버리게 만든다. 그것은 오랫동안 용수철에 무거운 짐을 매달아 놓으면 용수철의 탄력이 없어지는 것과 비슷하다. 아무런 여과 장치도 없이 무조건 지식을 받아들이는 것은 자신의 독특하고 확실한 사상을 갖는 일에 방해가 된다.

다양한 경험을 쌓는 일은 매우 중요하다

경험은 우리의 삶에 유익함과 지혜를 안겨 주기 때문이다.
그러나 모든 경험이 우리에게 유익한 것은 아니다. 경험하지
않아도 좋은 일들을 경험하고 마음에 깊은 상처를 간직한 채
인생을 살아갈 수도 있기 때문이다. 간접적인 경험을 할 수
있는 책도 역시 조심스럽게 골라야 한다.

우리에게 필요하고 유익한 것을 선별할 수 있을 때 그 사
상을 진정한 자신의 것으로 만들 수 있다. 사색하는 사람은
자기 책을 집필할 수도 있다.

독서하는 사람의 문제점

독서를 하는 사람은 자신의 생각이나 사상을 다른 사람에
게 전달할 수 없다. 그 사람의 사고는 그 사람의 것이 아닌
모방에 불과하기 때문이다. 그러나 사색을 하는 사람은 자기
의 생각을 정리할 수 있으며 책을 집필할 수도 있다. 그는 자
기의 생각과 사상을 다른 사람에게 전달할 수 있다.

우리가 독서에 몰두하는 것은 자신의 생각과 사상을 더욱
발전시키기 위해 디딤돌로 삼기 때문이다. 대부분의 책은 세

상의 고통을 일깨우거나 그 사람이 빠질 수 있는 오류의 위험들을 피상적으로 보여주고 있을 뿐이다.

그러나 자발적으로 사색하는 사람은 올바른 길을 발견하는 나침반을 준비하고 있다. 그러므로 독서는 우리가 가지고 있는 사상의 샘이 고갈되었을 경우에만 하는 것이 좋다.

책을 읽은 후에 자신이 가지고 있던 생각을 쉽게 추방한다면 그 행동은 성스러운 정신에 대한 반역이다. 많은 사람들은 자신의 지식을 타인에게 드러내 보임으로써 만족감을 얻는다.

그러나 지식을 자랑하면서 스스로를 높이려고 하는 사람은 드물다. 그들은 책에서 읽은 구절이나 사상을 마치 자신의 생각인 것처럼 자랑스럽게 떠벌인다. 그리고 때때로 그 사상들이 정말로 자신의 것이라는 착각에 빠진다.

지나친 독서는 다른 사람의 사상을 머릿속에 강하게 인식시키는 작용을 한다. 따라서 스스로 무엇인가를 창조하려는 사람에게 이런 독서는 매우 위험할 수 있다. 다른 사람의 사상은 다른 세계에 속한 체계이다. 그대와 전혀 다른 색채를 띠고 있는 이런 사상은 그대의 사색과 원만하게 어울리지 못하고 혼란만을 일으킨다.

독서는 그대의 유기적인 사고의 틀을 파괴한다.

04

독서하는 사람과
사색하는 사람의
차이점

인생에는 여러 갈래의 샛길이 있다. 우리가 힘써야 할 일은 올바른 길을 분명하게 볼 수 있는 능력과 어려운 첫걸음을 시작할 수 있는 힘을 기르는 것이다.

독서로 일생을 보내고 여러 가지 종류의 책에서 지혜를 얻은 사람은 몇 권의 여행 안내서를 읽은 다음 그 지방에 정통한 사람처럼 행세하는 우를 저지른다. 이런 사람은 대충 정보를 제공해 줄 수는 있지만 그 나라의 실제적인 사정에 대해서는 사실 잘 알지 못한다. 그는 상대방이 물어 오는 질문들에 몹시 당황하면서 자신의 허점을 가리기에 급급할 것이다.

그러나 사색으로 일생을 보낸 사람은 실제로 여행을 통해서 그 고장에 직접 가 보았기 때문에 자신의 경험을 바탕으로 그곳의 풍습이나 사람들의 습관, 심성, 지리 등을 자세하고 확실하게 전달할 수 있다. 때때로 자신이 봉변을 당하거나 도움을 받았던 경험담까지 곁들이면서,

생각이 많을수록 오히려 본질과 멀어진다

어떤 문제가 발생하면 우리는 그 사건을 해결하기 위해 사색에 잠긴다. 무엇인가 중요한 결정을 내려야 할 때, 우리는 다양한 각도에서 사건을 바라보고 그것에 대한 결과를 예상한다.

그러나 올바른 결정은 쉽게 내릴 수 없다. 왜냐하면 생각이 생각을 낳기 때문에 생각을 많이 할수록 오히려 그 사건의 본질과는 거리가 멀어지기 때문이다.

조급하게 서두르지 마라

억지로 생각을 짜내기 위해 애쓸 것이 아니라 적당한 때가 무르익을 때까지 기다리는 법을 배우는 것이 좋다. 올바른 결정은 어느 순간에 갑자기 찾아오는 법이다. 사색의 성과는 나무 열매가 무르익는 것처럼 서서히 자라난다. 사색은 단번

에 가능한 것이 아니라 단계적으로 이루어지기 때문이다.

사색에 익숙해지면 문제를 올바르게 직시할 수 있게 되고 이제까지 어렵게 보이던 문제도 훨씬 수월하고 객관적으로 파악하게 된다.

사색하는 사람의 특징

사색하는 사람은 사물을 자신의 눈으로 직접 파악한 다음, 거기에 자기가 알고 있는 사실을 적용시킨다. 따라서 사색하는 사람들 사이에는 근본적인 차이가 없다.

그들은 다만 사물을 바라보는 입장이 서로 다를 뿐이다.

스스로 사색하는 사람과 책에 의존하는 사람은 말하는 모습만 보더라도 구별할 수 있다. 사색하는 사람의 특징은 진지하고 근원적이며 그의 사상을 표현하는 방식에는 독창성이 깃들어 있다.

하지만 책에 의존하는 사람이 말하는 것은 모두가 책에서 인용하는 것이므로 자신의 사상이 들어 있지 않다. 그저 책에 실린 사상과 의견을 읽고 정리할 뿐이다.

PART 9

현명하게 사는
방법을 묻는
그대에게

삶의 올바른 방법에 대하여

01

현명한 사람과
어리석은 사람

어리석은 사람은 멀리서 지혜를 찾는다. 현명한 사람은 자기의 발밑에서 지혜를 키운다

우리는 모두 고뇌에 차 있는 존재이다. 영원한 시간의 흐름과 비교한다면 우리의 삶은 한순간의 꿈과도 같다.

그러나 우리 자신에게 존재에 대한 물음은 가장 중요하고 절박한 문제이다. 하지만 대부분의 사람들은 이런 사실을 인식하지 못하고 살아간다. 그들은 오직 현재의 일이나 가까운 미래에 대한 일만을 생각한다. 대부분의 사람들은 존재에 대한 문제를 회피하거나 해답을 성급하게 내린다.

부정적인 상황에 자기를 가두지 말라

고통스러운 상황, 마음을 아프게 만드는 관계, 예민한 신경을 자극하는 경험 등에 빠져서 자신을 가두어 놓지 마라.

그러나 많은 사람들은 지금 당하고 있는 고통스러운 상황에서 벗어날 생각을 하지 못한다. 고개만 돌리면 행복이 손에 닿을 듯한 거리에 있더라도 그렇다.

철학적 사색을 통한 세계관을 가져라

철학적 사색을 통해 세계를 해석하려고 노력하는 가장 큰 이유는 우리의 삶이 괴로움과 불행에 빠져 있을 뿐만 아니라 인간은 반드시 죽지 않을 수 없다는 진실을 인정하고 있기 때문이다. 만약 우리의 삶이 무한하고 괴로움이 없는 것이라면, 그 누구도 무엇 때문에 이 세계가 존재하는가에 대한 의문을 갖지 않을 것이다. 그리고 인생의 모든 현상은 시간이 흐르면서 자연적으로 해명되었을 것이다.

우리가 철학적인 학설이나 종교에 많은 관심을 갖는 것도 이러한 이유 때문이다. 종교는 무엇보다도 먼저 신의 존재를 인정하면서 그 증명을 위해 노력하고 있다. 종교가 우리에게 궁극적으로 알리려고 하는 것은 인간의 불멸이다. 그러나 만약 인간의 영생이 확인된다면 신에 대한 뜨거운 신앙은 순식

간에 냉각될 것이며, 영생이 불가능하다는 사실이 분명하게
밝혀진다면 아무도 종교를 거들떠보지 않을 것이다.

고통에서 벗어날 수 없는 인간

고통에서 벗어나기 위해 아무리 노력해도 우리는 한 치도 벗
어날 수 없다. 단지 고통의 형태를 약간 바꿀 수 있을 뿐이다.

우리는 본질적인 고통은 본래 궁핍한 삶과 생명을 유지하
고자 하는 욕구에서 비롯된다. 만약 고통을 추방할 수 있다고
해도 그 고통은 즉시 다른 형태로 우리의 눈앞에 나타난다.

어리석은 사람의 바보짓

어리석은 사람은 하찮은 경험이나 대화, 약간의 독서로 얻
은 지식을 마치 자기의 생각인 것처럼 자랑하면서 떠벌인다.
그러나 사색의 깊이가 없는 지식은 향기를 지니지 못하고 금
방 그 정체를 드러낸다.

지성이 휴식할 수 있는 시간을 주어야 한다

진리를 발견하는 일에 가장 커다란 방해가 되는 것은 선입
견과 편견이다.

선입견이나 편견은 육지로 향하던 배를 바다 한가운데로

밀어버리는 사나운 태풍이다.

지식의 구조

어떤 사물을 오랫동안 주시하고 있으면 차츰차츰 눈이 둔감해지다가 나중에는 아무것도 볼 수 없게 된다. 지식도 역시 똑같은 구조를 가지고 있다.

한 가지 사상을 오랫동안 생각한다고 해서 그 사상에 대해 잘 알 수 있게 되는 것은 아니다. 한 가지 사상에 대해 오랫동안 생각할 것이 아니라 그 사상에 관한 명백한 윤곽을 파악한 후에 그 사상에서 한 발자국 물러나라.

우리는 지성이 휴식할 수 있는 시간을 주어야 한다. 휴식을 취하고 나면 현실의 사물들을 더욱 새롭게 볼 수 있다. 그리고 그 사물들의 관계와 의미를 더욱 순수하고 심오한 것으로 파악하게 된다.

지혜와 빛의 공통점

풍경이 빛에 따라 무수하고 다양한 모습의 아름다움을 보여주는 것처럼 지혜도 인생을 다양한 각도로 분석하면서 교훈을 발견한다.

우리의 삶은 마치 시계추처럼 고뇌와 권태 사이를 끊임없이 반복하면서 서성거린다.

상상 속의 불안은 무서운 고통을 동반하기도 한다. 그러나 그것은 현실이 아니다.

미래의 불안은 미래의 것이다. 현실의 나와 멀리 떨어져 있는 불안에 대해 걱정하는 것은 몹시 어리석다.

지금 이 순간에도 미래에 대한 상상 속에서 불안에 떨고 있는 사람이 있다면 조금이라도 빨리 꿈에서 깨어나라.

모든 걱정은 환상에 불과하다. 고개를 돌리면 평화로운 현실이 있다. 불안은 미래의 불행에 대비할 수 있는 힘을 주기도 한다.

불행이 닥쳤을 때의 고통을 미리 생각하기 때문에 그 무게를 덜어주는 것이다. 그러나 상상은 종종 극단적으로 흐르기 때문에 불안은 우리에게 이득보다 손실을 안겨준다.

감각이 예민한 사람과 둔한 사람

감각이 예민한 사람은 다른 사람들보다 권태를 덜 느끼는 대신에 고통은 두 배로 받아들인다. 반면에 감각이 예민하지 않은 사람은 감수성의 결함 때문에 고통보다는 권태를 더욱 참기 어렵다. 권태를 느끼는 사람은 이러한 상태에서 벗어나기 위해 외부에서 자극을 찾는다.

권태에서 벗어날 수 있는 가장 효과적인 방법은 내면의 부를 쌓는 일이다. 풍요로운 정신은 모든 종류의 권태를 물리칠 수 있다.

사색에 의한 진정한 지식

우리가 진정으로 얻게 되는 지식은 독서에 의한 것이 아니라 사색에 의한 것이다.

사색은 자신의 생각을 좀더 깊이 파고들어서 보다 넓은 안목으로 세상을 바라볼 수 있는 시각을 길러준다. 사색을 하기 위해서는 먼저 자신의 가치관을 정립해야 한다.

가치관의 정립은 그 사람의 경험을 통해 이루어진다. 독서도 간접적인 경험으로 작용한다. 그러나 독서가 가치관의 정립에 직접적인 영향력을 행사할 수는 없다.

어리석은 사람의 문제 해결 방법

어리석은 사람은 문제를 해결하는 데 지나친 열의와 성급한 태도를 보인다. 그렇기 때문에 그들은 권위 있는 말을 인용하기를 좋아한다. 그들은 자신의 이해력이나 통찰력 대신에 다른 사람의 말이나 생각을 동원하면서 마음속으로 커다란 기쁨을 느낀다. 그들은 복종을 선택하고 스스로 명령하기를 거부한다.

어리석은 사람이 논쟁할 때 즐겨 사용하는 무기는 바로 권위이다. 그들은 권위라는 무기를 가지고 서로 싸움을 벌인다. 어리석은 사람들은 이미 모든 생각이 굳어 있기 때문에 상대방의 의견을 받아들이지 않는다.

스스로 판단하거나 생각할 능력이 없는 사람들만이 권위를 존중한다. 어리석은 사람은 자신이 만들어 놓은 틀 속에 갇힌 채 그곳에서 허우적거린다. 그러한 틀은 권위와 편견이라는 다른 틀을 만든다.

그러나 현명한 사람은 자신의 세계를 활짝 열어 놓는다. 그들은 어떤 일에도 성급하게 뛰어들지 않으며 논리적이고 침착한 태도로 그 일을 객관적으로 관찰한다.

02

음악은 우리의
영원한 꿈이다

베토벤의 교향곡은 외면적으로는 어지럽고 복잡해서 듣는 사람에게 혼란을 일으키기도 하지만 그 음악 속에는 놀라운 균형이 스며들어 있다.

교향곡은 아름다운 조화를 이루기가 쉽지 않다. 그래서 우리는 교향곡을 들으면서 마음의 평화와 안정을 느끼려고 한다.

음악은 비록 형태는 없지만 순결무구한 천상의 모습도 그려낼 수 있다. 웅장하고 아름다운 음악은 우리의 정신을 맑게 정화시킨다. 음악을 통해 우리는 정신의 모든 오물을 씻어 버리고 사악한 요소들을 제거할 수가 있다. 음악은 우리의 영원한 꿈이다.

현명한 사람과 어리석은 사람의 대화 방법

현명한 사람은 다른 사람과 대화를 나눌 때, 자신을 그 사람의 수준에 맞도록 낮춘다. 그는 자신의 훌륭한 자질을 상대방에게 내세우지 않는다.

그러나 어리석은 사람은 그런 사실을 조금도 깨닫지 못한다. 오히려 상대방보다 자신을 높이기 위해 노력한다.

강렬하고 지속적이며 열정적인 영혼을 지니고 있을 때, 우리는 영원한 아름다움을 간직할 수 있다.

사소한 것들에 대한 지나친 집착은 우리를 깊은 수렁에 빠뜨린다

시간과 공간은 무한하지만 시간과 공간 속에 있는 존재는 유한하다는 사실을 깨달을 때 우리는 허무를 느낀다.

현재는 지속되지 않는다는 것, 모든 사물은 서로 의존하고 상대적이며 한 곳에 머물지 않는다는 것, 언제나 희망을 품고 있지만 만족을 얻기 어렵다는 사실은 우리에게 허무를 느끼도록 만든다.

시간은 모든 것을 무의 상태로 돌아가도록 만든다.

거짓말하는 사람에 대한 올바른 태도

그대에게 거짓말을 하는 사람이 있으면, 그 말을 정말로 믿는 듯한 태도를 보여라. 그 사람은 열에 들떠서 마구 떠벌이다가 결국 허위의 껍질을 저절로 드러내게 된다. 그 사람이 실수로 자신의 비밀 한 자락을 말한다면 이끌려 모든 비밀을 털어놓게 될 것이다.

다른 사람의 의견에 대해 반박하지 마라

다른 사람의 의견에 대해 반박하지 마라. 그 사람의 머릿속에 들어 있는 모순과 부조리를 바꾸는 일은 우리가 아무리 오래 산다고 하더라도 거의 불가능한 일이다.

어리석음의 강에서 헤어나는 것은 쉬운 일이 아니다. 다른 사람과 대화를 나눌 때에는 그것이 호의적인 동기에서 비롯된 거라고 해도 상대방을 비난하는 말은 삼가는 것이 좋다. 다른 사람의 마음을 움직이는 일은 쉽지만, 잘못을 시정하는 일은 대단히 어렵기 때문이다.

다른 사람을 납득시키려면 흥분하지 마라

그대의 의견을 다른 사람에게 이해시키려고 한다면, 어떤 경우에도 흥분하지 마라.

지성의 본질은 냉정이기 때문에 자신의 의견을 말하면서 감정적으로 흥분하게 되면 상대방은 그것을 과장이나 허위라고 생각할 것이다.

다른 사람에 대한 신임의 이유

우리가 다른 사람을 신임하는 것은 주로 태만과 허영과 이기심에서 비롯된다.

자신은 꼼짝도 하지 않고 다른 사람에게 일을 시키는 것은 태만이다.

다른 사람을 신임함으로써 자신이 훌륭한 인격을 가진 것처럼 보이려고 한다면 그것은 허영이다.

어떤 목적을 위해 다른 사람에 대한 신임을 통해 무엇인가를 얻으려고 하는 것은 어떤 경우에도 잘못된 일이다.

이 세상은 한 편의 연극이나 엉성한 영화에 불과하다

철학 강좌는 진리의 간판을 내걸고 있지만 그곳에서도 진정한 진리를 찾을 수는 없다. 진정한 진리의 발견은 자신의 내면을 바라볼 수 있을 때 가능하다.

교회의 종소리와 법당의 풍경 소리 역시 공허한 형식에 지나지 않는다.

이 세상의 모든 일은 알맹이가 없는 껍질일 뿐이다. 진리는 영혼의 장막에 깃들어 있는 것이다. 진리를 발견하기는 너무나 어렵다. 진리가 그 껍질 속에 들어 있을 이유가 없는 것이다.

사색하는 사람에게 찾아오는 사상

사색하는 사람에게 위대한 사상이 찾아온다. 그러나 모든 사상이 우리 삶에 큰 영향을 미치는 것은 아니다.

사상가는 자기 자신을 위해 사색하는 사람과 다른 사람을 위해 사색하는 사람으로 분류할 수 있다. 그렇지만 진정으로 가치 있는 것은 한 사람의 사상가가 자기 자신을 위해 사색한 사상이다.

하지만 다른 사람을 위해 사색하는 사람은 자신이 유명한 사상가라고 알려지는 명성를 원하고 있다. 그래서 부와 명성 속에서 행복을 찾으려 하고 삶의 진실을 깨닫지 못하는 것이다.

진정한 사색은 외부의 명성이나 판단에 의지하지 않는다. 어려운 문제에 처해 있을 때, 그 문제의 핵심을 파악하는 것 그래서 그 문제가 가지는 진정한 가치를 깨닫게 될 때 사색의 의미가 찾아지는 것이다.

인간의 희망은 절망보다 격렬하다. 그리고 영원히 지속된다. 바로 지금 이 순간이 그대의 시간이다

바로 지금 이 순간이 그대의 시간이다.

지금은 그대를 위해 예정된, 다른 모든 순간과 구별되는 영원하고도 특별한 순간인 것이다.

다른 사람의 행동을 내 행동의 거울로 삼을 수는 없다

내가 하는 모든 행동은 나의 것이다. 나는 다른 사람과 똑같은 환경이나 상황에 처해 있지 않으며 사회적인 관계 역시 그와 동일한 것이 아니기 때문이다.

타인과 나는 성격이 다를 뿐만 아니라 행위의 동기도 다르기 마련이다. 만약 두 사람이 같은 일을 하게 된다고 하더라도 그 결과는 같은 것이 아니다.

자기만의 독특한 고유함을 가지는 일은 매우 중요하다. 만약 그 고유함을 잃게 된다면 행위와 자아는 분리된다. 그러므로 깊은 사고와 냉철한 판단력을 바탕으로 본성이 이끄는 대로 행동하는 것이 인생을 살아가는 가장 현명한 방법이다.

좌절을 경험한 사람의 보상

좌절을 경험한 사람은 자신만의 역사를 갖게 된다.

그리고 인생을 통찰할 수 있는 지혜를 얻는 길로 들어선다. 강을 거슬러 헤엄치는 사람만이 물결의 세기를 알 수 있다.

자존심과 허영심

자존심이 자신의 우월한 가치를 확신하는 것이라면 허영심은 다른 사람에게 자신의 그런 확신을 알리기 위해 노력하는 것이다. 자존심은 다른 사람의 마음을 자신의 내면에서 발생하는 것이기 때문에 직접적으로 자기 자신을 높이 평가한다. 하지만 허영심은 그런 존중을 외부에서 간접적으로 얻으려고 하는 노력이 소용없다.

허영심은 사람을 수다스럽게 만들고 자존심은 사람을 과묵하게 만든다. 허영심에 들뜬 사람은 자신을 알리기 위한 가장 좋은 방법이 말을 하는 것보다 침묵을 지키는 것이라는 사실을 모른다.

허영심에 사로잡힌 사람은 자신에 대한 존중을 외부로부터 얻으려고 하기 때문에 다른 사람의 시선을 의식한다. 그리고 그 시선을 자기에게 돌리기 위해 끊임없이 떠들어댄다.

말이란 하면 할수록 허점을 드러내게 마련이다. 허영심에 사로잡힌 사람은 말의 함정에 빠져서 결국 자신의 바닥을 드러내고 만다.

사사로운 일이라도 비밀을 지키는 것이 좋다

아무리 가까운 친구라고 하더라도 그들이 객관적으로 인정할 수 있는 모습만을 보여주도록 하라. 철저히 남이 되는 것이 중요하다.

친구에게 사사로운 비밀을 알리게 되면 뜻하지 않은 장소에서 피해를 입을 수도 있기 때문이다.

PART 10

인간의 본성에
대해 의아해하는
그대에게

인간의 본성 세 가지에 대하여

01

정말로
무서운 이기심

덕은 인간에게 있어서 하나의 도구 역할을 한다. 따라서 도덕적인 주장이나 윤리학이 후덕한 인간, 고결한 인간, 성스러운 인간을 만든다고 생각하는 것은 미학이 시인, 조각가, 화가, 음악가 등을 낳는다고 생각하는 것만큼 어리석다.

인간의 행위는 세 가지의 근본 원천에서 비롯된다. 첫째, 자신의 이익만을 추구하는 이기심 둘째, 타인의 손해를 바라는 배타심 셋째, 타인의 복리를 원하는 동정심 등이 바로 그것이다. 인간의 모든 행위는 이 세 가지 원천 가운데 하나 또는 둘로 귀결되며, 이것들이 발전하면 비로소 고귀하고 광대한 덕성이 된다.

이기심의 본성

인간의 이기심은 정말 무섭다. 그래서 우리는 예절과 양보로 그것을 숨기려고 하지만, 이기심은 언제나 껍질을 뚫고 나와 자신에게 유용한 쪽으로 상황을 유도하려는 본능을 드러낸다. 예를 들어 어떤 사람을 만났을 때 우리는 그가 나에게 어떤 이득을 줄 것인지를 먼저 생각한다. 그가 만일 나에게 이득이 되지 않는 사람이라면 나에게 있어서 그는 무가치한 존재이므로 나는 그를 무시하게 된다.

이기심은 끝이 없다

인간은 자신의 존재를 유지하면서 모든 고통과 궁핍에서 벗어나고자 하는 절대적 욕구를 지니고 있으며, 모든 쾌락을 다 누리고자 한다. 따라서 이기심과 탐내는 대상 사이에 장애물이 나타나면 불쾌감과 증오, 분노로써 그 장애물을 부수려고 한다. 인간은 되도록 모든 것을 즐기고 소유하려고 하며, 만일 그것이 불가능하다면 적어도 그것을 지배하려고 한다. "나에게 모두 달라. 다른 사람은 아무것도 가지지 않아도 좋다!"가 한 사람 한 사람의 슬로건이다.

인간의 이기심처럼 큰 것은 없다

우주도 그것을 다 포장할 수 없을 정도로 크다. 지나가는 사람에게 우주의 멸망과 자기 자신의 멸망 가운데 어느 쪽을 선택하겠느냐고 물어보라. 어떤 대답이 돌아올지 뻔하다.

인간은 저마다 자기 자신을 세계의 중심에 놓고, 모든 것을 자신과 결부시키려고 한다.

사소한 일은 물론이고 심지어 국가의 파멸 같은 큰일에서도 인간은 자신의 이해타산을 앞세운다. 즉, 대부분의 인간이 자신만이 참된 존재이고 다른 사람은 한낱 그림이나 어리석은 존재라고 여기고 있는 것이다. 이 얼마나 가소로운 일인가!

이기심에 대한 가장 적절한 표현

나는 인간의 이기심을 강조하기 위해 "대부분의 인간은 남을 죽여 기름을 짠 뒤 그것으로 자신의 신발을 닦는 일을 사양하지 않는다."라는 표현을 쓰고 싶다. 이것이 과연 지나친 비유일까?

이기주의에 대하여

이기주의는 지능과 이성의 도움으로 이루어진 걸작이다.

하지만 국가는 개인의 힘보다 훨씬 탁월한 힘에게 각 개인의 권리를 위임하고, 개인으로 하여금 타인의 권리를 존중하게 만든다. 따라서 개인의 무한한 이기심과 사심, 흉포성은 사슬에 매여 좀처럼 표면화되지 못하기 때문에 이 세상은 허위에 불과한 평화를 유지하고 있는 것이다. 만일 이러한 국가의 보호 기능이 위력을 잃을 경우, 인간의 그칠 줄 모르는 물욕과 야비한 탐욕, 위선, 불성실, 사악함, 불의 불신은 곧 활개를 치며 나타난다. 이는 지금까지도 몇 번이고 있었던 사실이다.

우리는 이런 광경을 볼 때마다 마치 처음 보는 괴물에게 습격이라도 당한 듯 몸서리치고 비명을 지른다. 하지만 인간을 강제하는 법이 없고 인간이 서로의 명예를 존중할 필요가 없다면 이 세상은 그야말로 사용(私用) 도가니가 될 것이다.

인간의 가슴에 마음이 존재하는가?

그렇다면 인간의 가슴에는 마음이라는 것이 존재할까? 도의는 어느 정도의 가치가 있을까? 이점에 대해 알고 싶다면 유명한 소송 사건이나 무정부시대에 대한 역사 이야기를 읽어 보라.

마스크를 쓰고 있는 호랑이인 인간

우리 앞을 오가는 수천수만의 인간들은 평화를 유지하기 위해 애쓰는 듯하지만, 실제로 그들은 단단한 마스크를 쓰고 있는 호랑이나 늑대다. 사회의 억압이 사라지고, 그들이 마스크를 벗어버린다면 어떤 일이 벌어질까? 얼마나 처참한 광경이 펼쳐질지 상상하는 일은 어렵지 않을 것이다. 이런 점만 봐도, 어떤 토대 위에 있는 종교나 양심 또는 선의가 걸핏하면 아무짝에도 쓸모없어진다는 사실을 쉽게 알 수 있다.

불순한 양심과 진정한 양심

그런데 우리는 가끔 불순한 양심과 진정한 양심이 엇갈리는 모습을 본다. 우리가 어떤 행위로 인해 고민하거나 후회하는 것은 단지 그 결과가 두려워서인 경우가 많다. 우리는 양심의 가책에 다름없는 어떤 심한 불안감을 느낀다. 이는 마치 유대인이 토요일에 담뱃불을 붙인 뒤 문득 "안식일에는 집에 어떤 불도 켜지 말라."는 모세의 훈계를 떠올리며 괴로워하는 것과 같다.

양심을 만드는 요소

일반적으로 자신에게 부합되지 않는 일, 부주의로 인해 일어난 일, 자신의 의도나 계획에 반대되는 일, 관습에서 벗어난 일, 경솔한 일, 졸렬한 일, 우매한 일을 하게 되면 시간이 좀 지난 뒤 마음을 찌르는 가시가 조용히 나타난다. 만일 사람들이 끔찍하게 생각하는 양심이 어떤 요소로 이루어졌는지를 안다면 대부분의 사람들은 깜짝 놀랄 것이다. 즉, 양심의 약 5분의 1은 타인에 대한 두려움, 5분의 1은 종교적 두려움, 5분의 1은 선입관에서 비롯된 두려움, 5분의 1은 허영에서 비롯된 두려움, 나머지 5분의 1은 관습상의 두려움으로 이루어져 있다.

관습에 따라 변하는 국민들의 행동

개인이나 국민의 행위는 교리나 관습에 따라 많이 변한다. 그러나 모든 행위는 그 자체가 공허한 현상에 지나지 않으며, 오직 자신의 방향만이 있을 뿐이다. 이 방향은 우리로 하여금 어떤 행위를 하도록 만들며, 그 행위에 하나의 도덕적 의의를 부여한다. 이 정신적 방향은 동일하게 존속하며, 단지 외면적으로만 여러 차이를 보일 뿐이다.

예를 들어 비슷한 정도의 고약한 심보를 가진 두 사람이 있다고 해보자. 그 중 한 사람은 길가에서 쓰러져 비참하게 죽고, 다른 한 사람은 일가친척에 둘러싸여 고요히 세상을 떠날 수 있다. 또한 같은 악이라고 해도 어떤 국민에게는 악이 만행, 살상 등으로 나타나고, 어떤 국민에게는 정치적 음모나 학대 또는 간계로 나타날 수도 있다. 물론 우리는 모든 범죄를 통제하는 안전한 국가나 사후 형벌이라는 신앙의 교리를 상상할 수도 있다. 그러나 이와 같은 것은 정치적 측면에서는 대단히 좋지만, 도덕적 측면에서는 아무런 의미도 가지지 못한다. 왜냐하면 행위만 사슬에 묶어놓는 것이므로, 행위가 아무리 올바르다고 해도 의지는 사악한 채 그대로 남아 있기 때문이다.

02

신비로운 동정심

동정심은 그야말로 신비롭다. 나와 타인의 경계선이 허물어짐으로써 타인이 참된 의미에서 나로 간주되기 때문이다. 따라서 모든 자발적인 정의와 순수한 자선은 동정심을 유일하고도 진실한 토대로 삼고 있다.

동정심은 인간 양심에 속하는 부인할 수 없는 하나의 사실이다

이는 외부에서 주입된 어떤 사상, 관념, 교리, 신화, 교육, 수양 등을 근거로 삼지 않고, 오직 인간의 천성에서 자발적으로 생겨 모든 시련을 견디며 어느 시대, 어느 나라에서든 나타난다. 따라서 우리는 모든 인간에게 동정심이 있다고 확신하면서 거기에 호소하고 의지하고자 하는 것이다.

동정의 신(神)에 기댄 사람

동정의 신에 기댄 사람은 지금까지 한 번도 이단으로 몰린 경우가 없다. 단지 종교적 신념에서 이루어진 선행은 자신이 으레 받아야 하는 상벌이라는 견지에서 나온 것이므로, 순수한 도덕적 선행이라고 할 수 없다.

동정의 도덕적 원동력

한편 동정이라는 도덕적 원동력은 무정부 상태 또는 혁명과 전란 속에서, 크고 작은 모든 사건 속에서 놀라운 자비를 베풀어 많은 불의와 부정을 미연에 방지했을 뿐 아니라 수많은 인간의 선행을 이끌었다. 우리는 동정이 의도 없이 나타났을 때 찬탄을 쏟아내며 순수한 도덕적 가치를 인식한다.

인간이 갖고 있는 선망과 동정

인간은 누구나 자기 자신 속에 정반대의 심정인 선망과 동정을 갖고 있는데, 이는 자기와 타인을 비교하는 데서 나온다. 그리고 이 비교가 그 사람의 개성에 어떤 영향을 미치느

냐에 따라 선망과 동정 가운데 하나가 기본적인 자세가 되
며, 이를 토대로 행위가 이루어진다.

선망은 자신과 다른 사람 사이에 놓인 장벽을 높이고 견고
히 하는 반면, 동정은 그 장벽을 얇고 투명하게 만들며 때에
따라서는 뿌리째 뽑아버리기도 한다. 그렇게 되면 나와 타인
의 구분은 흔적도 없이 사라져 버린다.

상대의 고뇌와 불행을 생각하라

우리는 누군가와 사귀려고 할 때 으레 상대방의 지적 · 도
덕적 수준을 알려고 한다. 그리고 만일 상대방이 이성적이지
못하고, 마음 자세가 흉악하며, 판단력이 부족하다고 생각되
면 그를 무시한다. 하지만 우리는 상대방의 고뇌와 불행, 번
민, 우환 등을 생각해야만 한다. 그럼 상대방은 어느 순간 친
근해지고 그에 대한 동점심도 생겨서, 그를 무시하기보다 연
민의 감정으로 대하게 된다.

사악한 사람도 그의 참혹함을 생각하라

어떤 사람의 사악한 면이 눈에 들어와 분노가 생기기 시작
하면 얼른 눈을 돌려 그 사람의 삶이 얼마나 참혹하고 괴로
웠을까를 생각해야 한다. 반면, 상대방의 고통과 고뇌가 눈

에 들어와 두려운 감정이 생기면 반대로 그 사람의 사악한 면을 생각해야 한다. 그럼 서로 다른 두 감정이 균형을 이루어 영원한 우정이 성립될 것이다.

피해준 사람도 불행한 인간임을 인정하라

나에게 피해를 준 사람에 대한 정당한 분노도 그 사람 역시 불행한 인간이라는 사실을 상기하면 이내 누그러든다. 불에는 물 분노에는 동정을 발휘하자.

보복을 원하면 보복이 끝났다고 생각하라

만일 나를 해롭게 한 사람에게 참혹한 보복을 하고 싶다면, 우선 그 보복을 끝낸 것으로 간주하자. 그리고 상대방이 고뇌에 허덕이고 불행과 궁핍에 괴로워하는 모습을 머릿속에 그려보고 그게 바로 나의 보복이다! 라고 중얼거리자. 그러면 머릿속에 떠오른 참혹한 보복의 결과로 인해 실제로는 보복할 엄두가 나지 않을 것이다. 세상에서 분노의 불길을 끄는 방법은 이것밖에 없다.

동정심은 동물에게도 사람의 손길을 뻗게 한다

모든 도덕의 근본인 동정심은 인간으로 하여금 동물에게까지 사랑의 손길을 뻗게 한다. 인간의 동물에 대한 사랑과 자비심은 선량한 성격과 밀접한 관계를 갖는다. 즉, 동물을 학대하는 사람은 선량한 사람이 아니라고 단정지을 수 있다. 이 점에 대해서는 아무런 신학적 양심론도 필요없다.

사랑과 자비심이 충만한 사람

사랑과 자비심이 충만한 사람은 남을 해치지 않고, 남의 권리를 침범하지 않으며, 남에게 악행을 저지르지도 않는다. 뿐만 아니라 모든 사람을 용서하고 사랑하며 힘이 닿는 데까지 도와줄 자세가 되어 있다.

03

행복의 근원이
될 수 없는 명예욕

인간의 행복의 근원은 어느 정도의 건강과 생활을 유지할 수 있는 기반, 즉 의식주에 지장이 없는 경제적 수입에 있는 것이다. 명예, 직위, 명성 등을 소중히 여긴다고 해도 이것들은 행복의 근원에 필적하지 못하며 대용품도 될 수 없다.

제3자의 평가에 지나치게 관심을 갖지 말라

제3자의 평가에 들어 있는 '나'라는 존재는 타고난 인간의 약점으로 인해 실질적인 가치 이상으로 중요시되고 있다. 하지만 냉정히 생각해 본다면, 제3자의 평가는 '나'의 존재와 본질적인 관계가 전혀 없다. 제3자가 호의를 베풀거나 조금이라도 자신의 허영심을 채워주면 우리는 누구나 좋아서 어쩔 줄 몰라 한다. 등을 어루만져주면 기분이 좋아서 목청을 구룩거리는 고양이처럼 사람도 칭찬, 특히 자신의 특기에 칭찬을 들으면 그것이 비록 사탕발림에 불과하다는 사실을 알면서도 연신 흐뭇한 표정을 짓는다.

자신을 치켜세우면 좋아하는 인간

또한 현재의 처지가 불쌍하고, 앞에서 말한 '참된 자아'와 '물리적 자아'가 아무리 빈약하더라도, 다른 사람들이 나를 추켜세우면 흐뭇하게 생각하는 사람들이 무척 많다. 이와 반대로, 사람은 다른 사람이 자신의 허영심을 모욕하거나 무시 또는 멸시하면 불쾌하게 생각할 뿐 아니라 때로는 심한 고통도 느낀다.

인간의 명예욕은 제3자를 기준으로 하고 있다

다른 사람의 기준을 존중해 자신의 언행을 조심함으로써 좋은 결과를 가져오기도 하지만, 실제로는 자신의 안정된 행복에 나쁜 영향을 미친다. 따라서 타인 중심의 공명심이 가지는 일정한 한계를 이치에 맞게 설명한 뒤, 올바르고 가치 있는 모든 것에 대해 적절한 사고와 정확한 판단을 내림으로써 다른 사람의 견해에 대한 지나친 관심을 완화할 필요가 있다. 이것은 다른 사람의 호감이나 비난을 샀을 경우에도 마찬가지다. 왜냐하면 어느 경우에든 모두 자신의 태도가 결정되어 있기 때문이다. 만일 그렇게 되지 않는다면, 우리는 다른 사람의 사고나 견해의 노예가 되고 말 것이다.

찬사를 즐기는 사람의 폐해

찬사를 즐기는 사람의 영혼은 비천하고 설익은 것들에 의해 지배당한다. 만일 더 많이 행복해지고 싶다면 우선 진정한 자아와 제3자의 눈에 비친 자신을 비교해, 전자의 가치를 판단할 필요가 있다.

진정한 자아에 속한 것

생활을 충실하게 이어나가는 것과 참된 자아 및 물질적 자아에 속하는 요소들은 모두 진정한 자아에 속한다. 왜냐하면 이 모든 것이 작용하는 영역은 자기 자신의 의식이며, 반대로 타인에 대한 자아로서 자신이 작용하는 영역은 신빙성이 없는 제3자의 의식으로, 이는 자신이 반영된 다른 사람의 심리적 환상과 그에 따르는 여러 생각이나 느낌에 불과하기 때문이다.

제3자의 관념은 간접적인 것이다

제3자의 관념은 우리와는 직접적인 관련이 없는 간접적인 것이다. 그것이 의미를 갖는 경우는, 우리의 말과 행동을 규정함으로써 결과적으로 태도에까지 영향을 미처 참된 자아에 변화를 일으킬 때뿐이다. 그렇지 못할 경우에는 제3자가 우리를 어떻게 생각하든 간에 전혀 상관할 바가 아니다.

제3자의 지능을 간파하라

또한 제3자의 지능이 어느 정도이고 어떻게 작용하는지를 간파해 본다. 만일 제3자의 머릿속에 편견과 오해로 가득 차고, 사상이 천박하며, 소견이 좁을 뿐 아니라 생각이 빈약하고, 사고나 견해가 잘못되어 있으며, 자신과 이해관계가 없거나 눈앞에 보이지 않으면 욕설을 퍼붓거나 위대한 인물을 제멋대로 악평한다는 사실을 알게 된다면 우리는 그 사람의 견해를 더 이상 믿지 않게 된다.

자신의 행복을 제3자의 자아관념에서 찾으려 한다

자신의 행복을 "참된 자아"나 "물질적 자아"속에서 찾지 못하고 제3자의 자아 관념 속에서 찾으려는 사람은 개성이 빈약한 족속이다. 인간의 본질이자 행복의 근원은 자신의 동물성이 있다. 인간 행복의 근원은 어느 정도의 건강과 생활을 유지할 수 있는 기반, 즉 의식주에 지장이 없는 경제적 수입에 있는 것이다. 명예, 작위, 명성 등을 소중히 여긴다고 해도 이것들은 행복의 근원에 필적하지 못하며 대용품도 될 수 없다. 그러므로 경제적 수입을 위해서라면 명예를 포기해야 하는 경우가 많다.

인간은 다른 사람의 관념 속에서 목숨을 이어가는 것이 아니다

자신의 참된 모습인 건강, 기분, 능력, 수입, 주택 등이 자신에 대한 제3자의 터무니없는 견해보다 훨씬 더 행복과 불행을 지배한다는 사실을 깨닫는다면 행복을 얻는 데 반드시 도움이 될 것이다.

명예는 목숨보다 더 소중하다고 떠드는 사람

"명예는 목숨보다 더 소중하다."고 떠드는 것은 자신의 존재나 행복은 있으나마나며, 자신에 대한 제3자의 견해만이 소중하다는 것을 의미한다.

이 격언은 고작해야 세상 사람들에게 자신의 존재를 드러

내기 위해 명예, 즉 자신에 대한 다른 사람들의 좋은 평가가
필수 조건이라는 점을 내포한다.

인간의 최종목표는 제3자의 호의를 더 많이 얻으려는 것이다

인생을 잘 관찰해보면 인간이 한평생 수많은 위험과 노고
를 무릅쓰고 끊임없이 노력하며 갈망하는 최종 목적의 대부
분은 자신에 대한 제3자의 호의를 더 많이 얻으려는 데 있
다. 이는 예술 및 학문에 종사하는 사람들도 예외는 아니다.
즉, 그들이 늘 갈망하는 최종 목표는 좀 더 많은 사람들에게
서 존경을 받는 것이다. 이것이야말로 인간의 우매함이 얼마
나 뿌리 깊게 가슴에 박혀 있는지를 입증하는 예이다.

사람을 과대평가하는 것은 일반적인 미신이다

이처럼 다른 사람의 견해를 과대평가하는 것은 예부터 내
려오는 일반적인 미신으로, 이는 우리의 행복에 해롭고 불리
한 영향을 미친다. 작게는 '남이 뭐라고 말할까?'라는 노예
같은 생각에서부터 크게는 말로써 딸의 가슴에 못을 박는 일
은 물론이고, 죽은 뒤의 명예를 위해 자신의 안정과 재산, 건
강, 심지어 목숨까지 희생하는 것은 모두 이러한 일반적인
미신의 나쁜 영향 탓이다.

사람을 조종하는 비결, 명예욕을 북돋아주는 것이다

사람의 명예욕을 북돋아주는 것이 그 사람을 조종하는 비결이므로, 이런 그릇된 환상은 대중을 통치하거나 지배하는 사람에게는 좋은 미끼로 사용된다. 하지만 지금은 남을 부리는 것이 아니라 자신의 행복을 얻는 것에 대해 이야기하고 있으므로 이는 관점이 다르다.

다른 사람의 견해에 관심 갖지 말라

내가 강조하고 싶은 말은 자신에 대한 다른 사람의 견해에 지나치게 관심을 갖지 말라는 것이다. 그러나 오늘날 우리가 쉽게 볼 수 있는 것처럼, 대부분의 사람들은 자신보다 남에게 더 많이 의존하기 때문에 자신의 의식 속에 실재하는 것보다 남의 의식 속에 깃들어 있는 것을 더욱 소중히 여긴다. 그래서 자연스럽고 올바른 이치에서 벗어나 제3자의 견해에 참된 가치를 부여하고 소중한 자기 자신에게는 가치를 전혀 부여하지 않은 채 2차적인 것을 1차적인 것으로 오인한다. 그럼으로써 다른 사람의 머릿속에 맴도는 환상이 자신의 실체보다 더 많은 권위를 가진다고 생각할 뿐 아니라, 간접적인 가치와 직접적인 가치도 혼동한다. 이것이 바로 허영심이

저지르는 미련한 행동이며, 구두쇠의 탐욕처럼 수단을 위해
목적을 저버리는 가장 못난 짓이다.

고질적인 전염병을 고쳐라

우리가 실천해야 할 노력은 무시한 채 제3자의 의견을 과
대평가하면서 늘 불안과 괴로움에 시달리는 모습은 일종의
고질적인 전염병이라고 할 수 있다. 그래서 우리는 어떤 행
동을 할 때마다 늘 남의 눈치를 보게 된다. 즉, 경험하고 있
는 모든 고뇌의 절반 이상이 타인 중심의 마음에서 비롯된다
는 사실을 너무나 많은 사람들이 모르고 있는 것이다.

타인 중심의 심리의 결과

타인 중심의 심리는 병적인 신경과민과 희박한 자부심을
낳고, 허영과 겉치레의 원천이 되며, 사치와 교만의 바탕이
된다. 이런 불필요한 근심 걱정을 벗어버린다면 인간의 사치
와 낭비는 현재의 십분의 일로 줄어들 것이다.

자존심의 뿌리자존심이나 명예는 다양한 형태로 나타나지
만 그 뿌리는 오직 하나다. 인간은 나이가 들면 들수록 애욕
을 맛볼 체력이 고갈되는 대신, 허영심과 오만함이 점점 더
탐욕과 결합해 자아의 중심에 자리잡게 된다.

프랑스에 만연해 있는 명예욕과 허영심

지금 프랑스에는 이런 속된 명예욕과 가소로운 허영심이 풍토병처럼 만연해 있다. 언젠가 이것들이 허무한 것으로 판명되면, 프랑스인들은 다른 나라 국민의 비웃음을 사게 될 뿐 아니라, 이른바 '대국민'이라는 대명사는 하나의 모욕적인 의미가 될 것이다.

주위 사람들의 찬사를 얻기 위해 용기를 보여준 사형수

이 고질적인 전염병을 신랄하게 보여주는 예를 하나 소개하겠다. 1846년 5월 31일자 신문을 보면, 토마스 빅스라는 노동자가 주인을 살해한 죄로 사형 선고를 받았다. 사형 집행 날, 목사가 마지막 설교를 할 때 그는 조용히 설교를 듣는 대신, 자신의 수치스러운 죽음을 구경하려고 모여든 사람들에게 자신의 용기를 보여줄 놀라운 방법을 궁리하고 있었다. 이윽고 사형 집행 날이 되어 단두대로 걸어가던 그는 갑자기 큰 소리로 외쳤다.

"자, 여러분! 도드 박사의 흉내를 내는 것이 아닙니다. 나는 이 세상 맨 밑바닥의 비밀을 탐지할 것입니다."

그리고 양쪽 팔을 결박당한 채 단두대에 이르러서는 그곳에 모인 구경꾼들에게 일일이 윙크를 해 보였다. 그것을 본 구경꾼들은 우레 같은 박수갈채를 보냈다. 추악한 죽음과 캄캄한 미래를 눈앞에 두고도 구경꾼들의 기억에 남기 위한 방법을 궁리한 사형수는 그야말로 적절한 예가 아닐 수 없다.

허영심에 이발을 거부한 사형수 콩트

또 하나 예를 들자. 프랑스에서 반란죄로 사형을 받은 콩트도 이에 적합한 예다. 그가 재판을 받는 동안 가장 불쾌하게 생각했던 일은 상원 앞에 훌륭한 복장으로 설 수 없었던 것이며, 사형이 집행되는 순간까지도 그를 괴롭혔던 것은 이발을 할 수 없었다는 점이다. 이들의 허영심을 지적한 스페인 작가 마테오 알레만은 자신의 작품에서 이렇게 말했다. "못난 죄수들은 자신의 영혼을 구제받을 수 없는 처형 직전의 몇 시간을 단두대 위에서 어떤 말을 할까 고민하느라 바쁘다."

제3자의 견해를 염려해서 생긴 불안, 번민, 고뇌

오늘날에도 이와 비슷한 일은 얼마든지 찾아볼 수 있다. 인간의 불안 번민, 고뇌, 울분, 불만, 초조 등은 대부분 제3자의 견해를 염려하는 데에서 비롯된 것으로, 위에 언급한 죄수들의 상황과 비슷하다고 할 수 있다. 우리의 질투나 증오도 같은 뿌리에서 자란 가지들이다.

안정된 기분과 흐뭇한 만족감에서 비롯되는 행복

우리의 행복은 주로 안정된 기분과 흐뭇한 만족감에서 비롯된다. 그러므로 타인 중심의 허영심을 억누르는 것이 행복을 더욱 증진시키는 방법이다. 하지만 허영심을 줄이는 일이 결코 쉽지 않다. 이는 유전적으로 타고난 병폐를 제거하는 것이기 때문이다.

이탈리아의 역사가 타키투스도 이렇게 말했다

"현명한 사람도 더러운 명예욕에서 벗어나기 위해서는 우선 병마를 병마로 인식해야 한다."

허영심을 버리는 방법

허영심을 버리기 위해서는, 인간의 견해는 늘 허망하기 때문에 타당하지 않고 불합리하여 전혀 터무니없는 것임을 간파해야 한다. 그것이 우리에게 참된 영향을 미칠 수 없음에도 우리가 매우 중요시함으로써 큰 손실을 입고 있다는 사실을 분명히 알 필요가 있다. 그래서 이 고질적인 전염병에서 벗어날 수 있으며, 우리의 안정과 평화는 상상도 못할 정도로 중대한 것이며, 우리는 늘 태연한 태도와 자연스러운 행동을 보일 수 있을 것이다.

은둔 생활이 행복을 가져다주는 이유

은둔 생활이 큰 행복을 가져오는 이유는 다른 사람의 눈치를 볼 필요가 없고, 타인 중심의 생활에서 자기중심의 생활로 돌아갈 수 있기 때문이다. 실제로 대부분의 재앙이나 불행은 제3자를 위주로 하는 관념적인 생각에서 비롯된다. 따라서 자신을 다른 사람의 관념 이상의 경지에 올려놓고 참된 자아를 지켜나가면 이 모든 재앙에서 벗어날 수 있다.

뿐만 아니라 더욱 직접적이고 확실성 있는 복리를 위해 노력하게 되므로, 자신의 생활을 뜻대로 즐길 수 있게 된다. 그러나 좋은 일은 실천하기 어려우니 늘 문제다.

세계적으로 만연된 세 가지 병

세계적으로 만연된 이 전염병의 세 가지 증상은 명예욕, 허영심, 자부심이다. 이 가운데 자부심은 스스로에 대한 확고한 자신감이며, 허영심은 제3자가 나 자신에게 이러한 신념을 갖게끔 하는 것으로, 이에 성공하면 자신에 대한 자부심을 갖고 싶다는 은밀한 희망이 스스로에게 생기게 된다.

즉, 자부심은 자신에게서 비롯되는 직접적인 자기 존중이며, 허영심은 이를 외부로부터 간접적으로 손에 넣으려는 것이다. 그러므로 허영심은 말이 많은 반면, 자부심은 말이 적다.

이때 우리는 다변보다 침묵이 한층 더 손쉽게 다른 사람의 존경심을 이끌어낸다는 사실을 알아야 한다.

이처럼 다른 사람을 의식한 자부심과 허영심은 단지 그럴 듯하게 보이는 것일 뿐이어서, 다른 가상적 욕구와 마찬가지로 이내 무너져버리고 만다.

참된 자부심은 오직 자신의 우수한 장점과 뛰어난 가치에 대한 확신에 의해서만 이루어지는 것이다.

확신에서 비롯되는 자부심

자부심이 확신에서 비롯되는 한, 모든 지식과 마찬가지로 의지와 힘만으로 자부심을 손에 넣을 수는 없다. 자부심은 가장 큰 장애물이자 적은 바로 허영심으로, 이는 자부할 것이 전혀 없는 사람들의 소행이라 할 수 있다.

정말로 특출한 사람이라면 어느 정도의 자부심을 가지고, 세상 사람들은 염치없고 우매하며 변덕스럽다는 사실을 알아야 한다.

호인인 척하면서 너그러운 태도를 취하지 말라

호인인 척하면서 그들에게 너그러운 태도를 취하거나 자신과 동등한 인물로 대한다면, 그들은 곧 비웃음을 띠며 당신을 자기 자신과 같은 족속으로 간주한다. 특히 인격적인 최고의 우월은 훈장이나 호칭과는 달라서 언제나 제3자에게 보여줄 수 없으므로, 당사자는 늘 존귀한 태도를 취할 필요가 있다.

가장 가소로운 것은 국민적 자부심이다

그런데 가장 가소로운 것은 국민적 자부심이다. 국민적 자부심은 수천수백만 인구의 공동 소유를 자랑하는 것으로, 국민 각자에게 참된 자부심을 가질 만한 개인적 특성이 없다는 의미이기도 하다.

뛰어난 재능을 가진 사람은 성인의 자세로, 자기 나라 국민의 단점을 명확히 인식한다. 반면, 가련하고 속물적인 인간들은 자신이 우연히 태어난 국가에 대해 쓸데없는 자부심을 가짐으로써 자신의 빈약한 개성에 금박을 두르고 있다. 그런데 만일 영국인이 영국인들의 이러한 비열한 미신을 정당하게 비난하면 어떻게 될까?

이를 겸허하게 받아들이는 영국인은 50명 가운데 1명도 안

될 것이며, 그 1명은 분명 비범한 두뇌의 소유자임에 틀림
없다.

행복의 조건이 될 수 없는 명예

명예나 지위, 훈장이 대다수의 속물들에게는 훌륭하게 보
이고 국가를 위해서는 소중한 도구가 된다고 해도, 행복의
조건은 될 수 없다. 지위의 가치는 단지 사회제도와 관례에
의존하며, 이에 대한 세상 사람들의 존경도 표면적인 것으로
값싼 연극에 불과할 뿐이다.

명예의 정확한 정의

명예는 지위보다 한층 더 까다롭고 복잡하다. "명예는 외
부의 양심이고, 양심은 내부의 명예다."라는 말에 많은 사람
들이 공감할 수도 있지만 이는 명예에 대한 정확한 정의가
아니다. 따라서 "명예란 객관적으로는 우리의 진정한 가치에
대한 제3자의 견해이며, 주관적으로는 제3자의 견해에 대한
우리의 두려움이다."라고 정의하기로 하자.

관직의 명예

관직의 명예에는 어떤 정신적인 일에 종사하면서 책임과

의무를 가지는 사람들의 명예도 포함된다.

군인의 명예가 대표적이다. 군인의 명예는 조국 수호를 의무로 하는 사람에게 필요한 용기, 담력, 체력을 지니고 있는 동시에 조국을 위해서는 목숨을 기꺼이 내던진다는 각오와 충성심을 가진 사람들에게 주어진다.

관직의 명예라면 흔히 관직 그 자체에 대한 존경을 뜻하지만, 나는 이보다 더 넓은 의미를 부여하려는 것이다.

여성의 명예

여성의 명예는, 미혼인 경우에는 어떤 남성과도 접촉하지 않았다는 것이고, 기혼인 경우에는 남편 이외에는 몸을 허락하지 않았다는 것이다.

이러한 명예가 소중한 이유는 여성이 자신의 모든 소원과 생활필수품을 남성에게 의존하는 반면, 남성이 여성에게 바라는 것은 오직 하나밖에 없기 때문이다.

여성이 명예를 지나치게 내세우는 것은 다른 모든 극단적인 주장과 마찬가지로 수단을 위해 목적을 저버리는 꼴이 되며, 명예에 부당할 정도로 절대적인 가치를 부여하는 것이 된다.

여성의 명예가 지닌 가치도 사실상 다른 명예와 마찬가지로 상대적이며 관례적이다.

그 예로 첩 제도를 들 수 있다. 첩은 정식으로 결혼한 아내와 다른 대우를 받았다.

남성의 성적 명예

남성의 성적 명예는 여성에 대항하기 위한 집단정신에서 비롯된다. 즉, 여성과 결혼이라는 불리한 계약을 맺은 남성은 아내가 그 계약을 엄격히 준수하고 있는지를 늘 경계한다. 경계를 게을리 해 계약의 효력을 상실하거나, 아내에게 모든 것을 주는 대가인 아내 독점마저 상실하는 일은 없어야겠다는 것이 남성 전체의 묵계인 것이다.

남성의 명예의 무기, 이혼

남성의 명예는 아내의 간통을 이혼이라는 징계로 처벌하도록 하고 있다. 만일 아내의 간통을 묵인했다면, 그 남성은 체면을 구길 뿐 아니라 남성 단체로부터 멸시를 받게 된다.

아르투어 쇼펜하우어 (Arthur Schopenhauer), 그는 누구인가?

쇼펜하우어의 생애와 사상

생애

쇼펜하우어는 1788년 2월 22일 자유를 옹호하는 상인 하인리히 플로리스 쇼펜하우어와 여류작가 요한나 헨리 에테 사이에서 태어났다. 1793년 단지히 지방이 폴란드에 합병되면서 쇼펜하우어의 아버지는 자유의 도시 함부르크로 이사를 갔다. 쇼펜하우어는 고등학교와 대학을 다니는 동안 뛰어난 성과를 거두었지만 세상에 대해서 냉소적이었다.

1810년 의학부에서 철학과로 옮김. G.E.슐체로부터 철학을 배우고, 플라톤과 칸트를 철저히 수학하였다.

1811년 베를린 대학으로 전학하다. 1813년 박사학위 논문을 집필하기 시작했다.

그는 학위를 받은 후에 <의지와 표상으로서의 세계>를

발표했다. 그 논문은 출판사에서 출판되었으나 주목을 받지 못했다. 그러나 <의지와 표상으로서의 세계>를 발표한 후 자신감을 얻었다. 그것은 이 책이 낡은 관념의 단순한 재생이 아니라 독창적인 사상으로서 어느 정도 성공했기 때문이다.

1818년 <의지와 표상으로서의 세계>를 탈고한 후 이탈리아로 여행을 갔다가 돌아와서 1836년 <자연의 의지에 대하여>라는 논문을 발표했다. 1841년에 <윤리학의 두 가지 문제>를 발표, 1851년에 <여록과 보유>를 출판했다.

1831년에 콜레라가 베를린을 휩쓸자 프랑크푸르트로 이주한 쇼펜하우어는 그곳에서 여생을 보내게 된다. 그곳에서 <콜레라서>를 집필, 철저한 염세주의자였던 쇼펜하우어는 아버지가 경영하던 회사의 주식을 물려받아 다른 사업에 투자하여 대성을 거둔다.

1836년 <자연에 있어서의 의지>를 출판했으며, 1841년 <윤리학에서의 두 가지 근본문제>를 출간하였다.

1850년 <소품과 부족>을 원고료 없이 출판하려 했으나 실패했다.

1852년 <노령> 집필, 1860년 9월 21일 폐수종으로 사망하였다.

사상과 철학

쇼펜하우어는 19세기 초 염세주의적 경향을 철학 영여에 반영시킨 인물이다. 당시 학자들이 그를 염세주의자라고 한 것은, 그가 평생 고통 속에 살다가 허망하게 죽어가는 인간의 부조리한 현실에 눈을 떴고, 애써 이를 포장하려 들지 않았기 때문이다.

하지만 쇼펜하우어는 진정한 의미에서 염세주의자가 아니다. 이성 만능 주의에 빠져 있던 오만한 근대 과학과 낙천주의의 허점을 꼬집으며 세상에는 이성만으로 해명할 수 없는 일이 많이 일어난다고 주장했으며, 세상은 결코 조화롭지 않은 부조리와 모순 덩어리임을 증명했기 때문에 염세주의자란 딱지를 달았지만, 그는 누구보다도 세상을 정직하게 날카롭게 통찰했던 철학자였다.

쇼펜하우어는 자신의 철학과 학문의 모든 발전은 대학의 영역 밖에서 이루어진다고 주장했다. 대학을 무시한 것이다. 그런 이유로 인해서 독일의 대학은 쇼펜하우어의 저서와 철학을 똑같이 무시했다. 그러나 쇼펜하우어는 자신의 철학이 널리 인정받게 될 것을 믿었다. 그런 그의 믿음은 서서히 현실로 나타나기 시작했다. 변호사, 의사, 심지어 상인들까지도 쇼펜하우어의 형이상학적 전문용어를 말하지 않고서는 현실의 문제를 제대로 이해하거나 해석할 수 없음을 알게 된 것이다.

마침내 유럽 학계가 절망을 대변하는 쇼펜하우어의 철학을 받아들였다. 신학을 과학적으로 분석하고, 가난과 전쟁에 분노하며, 생존경쟁을 생물학적으로 강조하고, 세상을 통찰하는 지혜와, 자아 확립을 비롯한 수많은 요소들이 들어 있는 쇼펜하우어의 사상을 인정하게 된 것이다. 그리하여 모든 사람들이 쇼펜하우어의 철학을 진리의 영역으로 받아들이기 시작한 것이다.

쇼펜하우어가 후세에 많은 영향력을 남긴 철학자가 된 원인으로는 인간에 대한 그의 통찰력뿐만 아니라 세련되고 현대적인 문체를 들지 않을 수 없다. 독일의 문호인 괴테도 쇼펜하우어의 사상과 철학에 대해서는 의견을 달리했지만, 그의 명쾌한 문체와 세련된 표현에 대해서는 감탄을 했을 정도였다. 간결한 문체와 적절한 표현 등으로 오늘날에 이르기까지 플라톤, 루소, 니체 등과 함께 철학자이자 뛰어난 문장가로 평가받고 있다.